［改訂新版］

松下幸之助　成功の金言365

運命を生かす

松下幸之助［著］

PHP研究所［編］

PHP

序

運命についての松下幸之助の見方・考え方

自分と他人とは、顔も違えば気性も違う。好みも違う。それでよいのである――という松下幸之助の言葉には、人間同士、お互いがそれぞれの〝違い〟を百花繚乱の豊かさとして感じとり、誰もがそれぞれに光り輝いて、ともに栄える、そんな楽土の建設を願う幸之助の真情が息づいています。松下電器（現パナソニック）の事業経営においても、根底にこの理想がありました。

けれども、世間の多くは、幸之助が抱いたそうした純粋な理想より、事業家として大金持ちになりえた秘訣に、強い関心をもったようです。実際、何度も高額納税者番付で日本一になっている幸之助は、成功の理由を問われるのが常でした。そんな質問にある時、幸之助は、「世の中のすべては、天の摂理で決まるのが九〇％、あとの一〇％だけが、人間のなしうる限界」だという考えを披露します。

もっと具体的な答えを聞き手は期待していたことでしょう。しかし幸之助が幼少の頃から人一倍の苦労を重ね、その上で、事業経営に成功をおさめた人間だったことを知ると、この発言の真意が見えてくるのではないでしょうか。

父の散財で家産を失い、九歳から丁稚奉公を経験。生来、身体が強くなく、会社に就職して真面目に働いていたのに、体を壊し、故郷での養生を医者に勧められる。独立後も、妻が質屋通いをしないと明日の生計すら危ういほどの極貧生活――。誰が見ても不運で不安だらけのスタートに、自らの運命はもう決まっていて、自分の意志と努力ではどうすることもできない、と悲観的になったとしても不思議ではないでしょう。

にもかかわらず、若い頃の幸之助は、諦めるという考えにはいたらなかったといいます。そして、日々の仕事に最善を尽くす中で、事業は大きくなり、次第に電気製品を通じて社会を豊かにするという確たる使命感を抱くようになりました。その過程で、多くの人に出会い、助けられ、結果として、〝成功〟をおさめることになっていくのです。

「どうにかなる一〇％を努力すれば、その一〇％は非常な効果がある」「一〇％なり二〇％の人事の尽くし方いかんによって、自らの八〇％なり九〇％の運命がどれだけ光彩を放つものになるか決まってくる」とも幸之助は述べています。まさに実体験に裏打ちされた見方・考え方だといえるでしょう。

少年期の体験――「勇ましい高尚なる生涯」と出会う

幸之助が、多くの人との出会いに助けられたという例を、丁稚奉公時代で見てみましょう。向かいの家の子が学校に通う姿をうらやましく見送りながら、幸之助は毎日、仕事に精を出していました。勤め先の自転車店の主人・五代音吉とその夫人はずいぶん目をかけてくれました。最大の恩人です。

そして幸之助は、音吉の兄であり、幸之助の父・政楠が勤める私立大阪盲唖院の院主で五代五兵衛という人物と出会うことになります。

数え年十六歳で目が不自由になった五兵衛は、五代家の長男として、音吉ら弟妹と母親の面倒を見る勤勉な男でした。あん摩《ま》業を営んで生活の糧を得ていたのですが、しかしこの苦労人はただ漫然とその仕事を行なっていたわけではなく、仕事を通して築いた信頼と人脈で、土地家屋の周旋をするようになるのです。その才を存分に発揮すると、次は、自分と同じような目の不自由な人たちの役に立つ事業に取り組みます。大阪に初めて盲啞院を設立したのです。明治三十三年のことでした。

この五兵衛への尊敬の念を、幸之助は生涯失いませんでした。自転車店にたびたび訪れた際、誠実な熱意があれば、磁石のように周囲の人を引き寄せ、助力が得られるといった人生の考え方や生き方について、いろいろと教え諭されることがあったと後年、語っています。

明治期の高名な思想家で実業人でもあった内村鑑三がいう「勇ましい高尚なる生涯」を、五代五兵衛は、次代を生きる幸之助に見せてくれたに違いありません。お金でも事業でも思想でもなく、誰もが遺せる生き方という「後世への最大遺物」を、幸之助の感性はしっかりと受けとり、他の多くの学びとともに、自らの人生に生かしていったのです。

運命に優遇される人になるために―本書の活用方法―

自分がおかれた境遇を素直に受け入れ、その運命を生かして前向きに生きる人物と、少年期に出会えることは幸運の最たるものです。逆境と見える境遇が、幸之助にとってはそうでなく、「順境もよし、逆境もまたよし」と言いえたのは、そうした「心の体験」の連続から得たものが大きかったのではないかと思われます。

では実際にどうしたら、私たちは私たちなりの「逆境もまたよし」の心持ちを得ることができるのでしょうか。そして自分の運命を生かし、運命に優遇される人――世間でいう成功者とは少し違うことはもうおわかりでしょう――になることができるのでしょうか。

幸之助が生きた時代に比べれば、今は、好きなことをやって生きることが、より可能な時代であり、門戸が開かれている職業は無数にあるといえます。しかし、そんな時代だからこそ、自分という一個の人間をよくつかんで、生かすことが、一層求められているはずです。

とすれば、いかにして「自分をつかむ」のか。幸之助は、「自己観照《じこかんしょう》」――自分の外から客観的に自分を観て、反省すべきは反省する、という作業をしていました。平成二十二年末に『松下幸之助　成功の金言３６５』を刊行したのも、その自己観照を、読者の方々が日常生活の中で行う際に、幸之助の言葉がいわば〝補助線〟となり〝ヒント〟となることを願ったからです。

発刊後、多くの読者の支持をいただいた一方で、主に企業経営に携わる読者から、社内の朝会で毎日読むようにしているのでもっと頑丈なブックカバーがいい、といったご意見をいただくこともありました。そうしたご要望にお応えしようと、本書（改訂新版）発刊の運びとなりました。

編集に際して、『運命を生かす』に改題するとともに内容を見直し、項目の加除、一ページあたりの文章量の調整を行なっています。また、より広くご活用いただけるよう、新たに各ページの上部に要約文も配置、あわせて「人生を創るための『金言』ノート」ページを設けました。各月末に配したこのページは、毎月、自らの所感を書きとめることで、〝過去の自分〟を〝今の自分〟から見つめ直すためのものです。三年分を用意しています。

自分をはっきりとつかむためにも、①どの言葉・文章が心に強く響いたか②それはなぜか③今後の行動にどう生かすか、といったことをその日付とともに書きとめて、ご自身の「運命を生かす」糧としていただければ幸いです。

自分だけの〝金言〟を創り、人生を創る

幸之助は実業の成功によって確かに資産家になりましたが、同時に、言葉や考え方の資産家でもあったといえます。本書では、幸之助が残したその〝資産〟の主要なものを、膨大な記録から厳選して選り抜き、収録しています。それらの言葉の中に〝金言〟を見つけるか、幸之助の考え方を参考にしながら、自分だけの〝金言〟を創り上げるか、それは読者の皆様の判断に委ねられています。

幸之助がよく説いたように、一人ひとりが皆「磨けば光る」

存在であり、「社会を発展させる一人の選手」です。その自覚と責任をもって、運命を生かし、自らの道を切りひらいて、価値ある人生を創ることに挑まれる方々に、本書が幾ばくかでも資するところがあれば、これに勝る喜びはありません。

平成三十年八月　酷暑と自然災害が続くこの国にて

PHP研究所

［改訂新版］松下幸之助　成功の金言365

運命を生かす

目次

装丁◉上野かおる
本文写真◉貝塚裕

1月

運命を生かす

1月1日　絶対に無理をしない

宇宙や大自然の営みに逆らわず、順応するところに“成功”があらわれてくる。

いろいろな人から、よく思いもよらぬことを聞かれる。「あなたの事業経営の秘訣《ひけつ》は？」「あなたの金儲《もう》けのコツはどこにあるのか」「億万長者になるには何か特別なやり方があるのですか」「人使いの上手《じょうず》な手にはどんな方法がありますか」等々、まるで私が経営の神様か、金儲けの天才でもあるかのような質問攻めである。

私はそんな時、よく言うのだが、世の中にはそんな秘訣とかコツとか、それさえ心得ていれば何でもできるという当意妙法なんて、絶対にありえないと考えている。私に言わせると人間万事、世の中のすべては天の摂理《せつり》で決まるのが九〇％、あとの一〇％だけが人間のなしうる限界だと思うのである。

こんなことを言うと「お前は運命論者」だと決めつけられそうだが、私の言う九〇％天の摂理論は、世間でよく言う「運命論」とは、ちょっとニュアンスが違うのである。つまり、私の言いたいことは「絶対に無理をしない」ことなのである。宇宙大自然に逆らわず、むしろ宇宙や大自然にとけこんで、これと一体になりきってしまう。これが人間の本当の姿であり、その結果あらわれてくるものが、世の中でいう成功とか成就《じょうじゅ》とか、あるいは億万長者ということになるのではなかろうか。

『仕事の夢　暮しの夢』

1月2日　運命を承認する

自らの運命を承認し、誇ることなく、気負うことなく、自分の意志で歩いていく。

若いあなたがたに言っていいことかどうかわからないが、私はこう思っている。人間は、見方によれば、九〇%までは運命によって決められている、と言ってよい。残り一〇%を自分の意志で左右することができるのだ、と。

九〇%は決まっているのでは努力のしがいがない。努力によって、自分の運命を一〇〇%変えることができると言って、青年を激励したい。それを、ほとんど決まっているのだと言ってしまったのでは面白くない気もします。しかし、ここを突き抜けていくと、ばたばたしなくていい。いわゆる安心立命がある。

私は、世の多くの人々と同じく、困難多き人生を経てきたと言ってもよいけれど、そうした諸困難を、ことごとく自力で克服したとは思わない。そういう状況におかれたからこうなったのだと思う。そういう運命だったことを承認するだけである。だから、今ある自分を誇る必要も気負う必要もない。そう考えているのです。

どうにかなる一〇%を努力すれば、その一〇%は非常な効果がある。だが、ばたばたしても一〇%の違いではないか――。

『若さに贈る』

1月3日　運命に優遇される人

自分の適性に生き、喜びをもって、今日の仕事に徹する人が、運命に優遇される。

私に、あなたのような子供がおるならば、あるいは孫がおるならば、私は自分の体験をすっかり話し、そして、やはり言うでしょう。言ってやりたいと思います。「お前にはお前の考えがあるだろう。しかし、もし、わしの言うことに多少の真理があり、共鳴するところがあるなら、お前もそんなつもりでやってみないか」

自分の適性に生きて、喜びをもって今日《きょう》の日の仕事に徹する――それが勇気のある人だと私は思うのです。一つのことでも、こんな仕事はという、とざされた考え方もあれば、こんな仕事をすることができると考える、ひらかれた心もある。前者は運命につぶされ、後者は運命に従って運命に優遇される人なのです。あなたはどこまでも後者でなければなりません。

『若さに贈る』

1月4日　成功と失敗の考え方

成功は運のせいである。失敗は自分のせいである。

私自身の経営については、このように考えてやってきた。すなわち物事がうまくいった時は〝これは運がよかったのだ〟と考え、うまくいかなかった時は〝その原因は自分にある〟と考えるようにしてきた。つまり、成功は運のせいだが、失敗は自分のせいだということである。

物事がうまくいった時に、それを自分の力でやったのだと考えると、そこにおごりや油断が生じて、次に失敗を招きやすい。実際、成功といっても、それは結果での話であって、その過程には小さな失敗というものがいろいろある。それらは一歩過《あやま》てば大きな失敗に結びつきかねないものであるが、おごりや油断があると、そういうものが見えなくなってしまう。けれども、〝これは運がよかったから成功したのだ〟と考えれば、そうした小さな失敗についても、一つひとつ反省することになってくる。反対に、うまくいかなかった時に、それを運のせいにして〝運が悪かった〟ということになれば、その失敗の経験が生きてこない。自分のやり方に過ちがあったと考えると、そこにいろいろ反省もできて、同じ過ちはくり返さなくなり、文字通り「失敗は成功の母」ということになってくる。

『実践経営哲学』

1月5日　夢の哲学

希望を失うことなく、明日に夢をもつ。夢ほど素晴らしいものはない。

人はすべて希望を失ってはいけない、言い換えると、明日《あす》に夢をもてと言いたい。この夢をもつということが、人生においてどんなに大切なことかわからないと常々考えている。

私は昔から、非常な夢の持ち主である。だから早く言えば、仕事も一切、夢から出ているわけだ。よく人から「あんたの趣味は何ですか」と聞かれるが、私は「私には趣味はないですな。まあ、強《し》いて言えば、夢が趣味ということになりますかな」と答えることにしている。

実際、夢ほど素晴らしいものはない。空想はいくらでも描けるし、きりはない。広い未開の地に行って、そこの開拓王になることだってできるし、大発明をして社会に非常な貢献をすることもできるし、あるいは巨万の富をもつことも夢では成り立つ。私みたいに芸のない者は、夢でも描かんことにはしょうがないかもしれないが、そういう意味で空想もまた楽しいものだと思っている。これを私の夢の哲学とでも名づけようか。

『仕事の夢　暮しの夢』

1月6日　志は失わずに

どんな時も、志をもって、成功を信じる。全身全霊を打ちこんで生きる。

松下電器※は、初めは、いわば自分が食べていくために仕事をしたわけです。だから大きな工場をつくるとかは、夢にも思いませんでした。せめて病気になっても食べることができるようにということだけを考えたのです。それが今日《こんにち》の松下電器にまでなった。松下政経塾※は、それとは違い、最初から志をもって、全身全霊を打ちこんでやろうということを決意してやっているわけです。だから、成功を信じて、私の志は変わらないのです。

私は、敗戦の時は一切の財産を凍結されました。さらに、仕事もないのに一万五千人の従業員を抱え、給料を払わなければならなかったりして、日本一の借金王にもなりました。そんなどうしようもない時もありましたが、それでも今日あることを得たのです。艱難《かんなん》が汝《なんじ》を玉にするという諺《ことわざ》がありますが、人生にはどうにもならないこともあります。もう逃げるに逃げられない、死ぬに死ねないということもあるのです。それでも志さえ失わずにいれば、やれるわけです。

『君に志はあるか――松下政経塾 塾長問答集』

※大正7年創業。現パナソニック。　※昭和54年設立。

1月7日　たゆまず努力する

すぐにうまくいくことなど滅多にない。根気よく、辛抱強く、地道な努力を続ける。

やることなすことが裏目にばかり出る。懸命に努力しているのに、どうもうまくいかない。そのような状況に陥って頭を悩ますことが、長い人生には時にあります。

そんな時に大事なのは、やはり志を失わず地道な努力を続けること。およそ物事というものは、すぐにうまくいくということは滅多にあるものではない。根気よく辛抱強く、地道な努力をたゆまず続けていくことによって、はじめてそれなりの成果があがるものだという気がします。

私が二十二歳で独立し、自分で考案したソケットの製造販売を始めた時もそうでした。四カ月ほどかかってつくりあげたソケットも、売れたのは当時のお金でたった十円足らず。仕事を続けるどころか、明日《あす》の生計をどうするかという状態にまで追いこまれてしまいました。もしその時に、もうダメだということでその仕事を諦《あきら》めてしまっていたら、今日《こんにち》の私も、松下電器という企業もなかったのはいうまでもありません。

『人生心得帖』

1月8日　今日一日を懸命に

大志を抱いても成功しない人がいる。大志を抱かずして成功する人もいる。

二十歳の頃を顧みますと、ともかくも生活を安定させたいというような、ごく平凡な願いであったんです。もちろんそうは申しましても、その生活に対しては、ただ何げなしにやるというのではなく、今日《きょう》一日をよくしたい、今日一日を一所懸命やってみたいということは、真剣に考えておったように思うんでありますが、大志を抱《いだ》いて、その仕事についたということは、正直なところないと思うのです。

しかし、約五十年たって考えてみますと、大志を抱いて仕事をして成功したということは言えないけれども、その日その日というものを、まじめにやってきたということによって、大志をもって仕事に取り組んだのと同じような成果をあげてきたのではないかという感じがします。

そういう自分の体験から見ますと、大志を抱くということも、それ自体はまことに大事で立派なことですが、大志を抱くがために、遠く遠方をみつめて今日一日の足もとを顧みないというような場合も、私は相当あるんやないかという感じがします。大志を抱いて成功しないという人もある。大志を抱かずして一日一日を積み重ねて、ついに大志を抱いたと同じような成果をあげるという人もある。

『松下幸之助発言集11』

1月9日　徳の道

技術と違い、徳は習うことができない。自分で悟るしかない。

君が「徳が大事である。何とかして徳を高めたい」ということを考えれば、もうそのことが徳の道に入っているといえます。

「徳というものはこういうものだ。こんなふうにやりなさい」「なら、そうします」というようなものとは違う。もっと難しい複雑なものです。自分で悟るしかない。その悟る過程として、こういう話をかわすことはいいわけです。

「お互い徳を高めあおう。しかし、徳ってどんなもんだろう」「さあ、どんなもんかな」というところから始まっていく。人間としていちばん尊いものは徳である。だから、徳を高めなくてはいかん、と。

技術は教えることができるし、習うこともできる。けれども、徳は教えることも習うこともできない。自分で悟るしかない。

『リーダーを志す君へ――松下政経塾 塾長講話録』

1月10日　心を改革する

悪い年は考え方によると意義ある年である。心の改革が行われる、めでたい年である。

1月

2月

3月

4月

5月

6月

7月

8月

9月

10月

11月

12月

悪い年というものは考え方によると、非常に我々にものを考えさせる年である、また、平生《へいぜい》考えられなかったことを考える年である、そういうことになると我々は考えたい。だから非常に悪い年は、同時に心の改革ということが行われて、そしてそれが将来、非常な発展の基礎になると思うのであります。

そうして考えてみますと、悪い年は必ずしも悲観する年ではない、それは新たに出発するところのめでたい年である、だから皆さんしっかりやってください。今日《こんにち》、不景気なり、その他諸々《もろもろ》の困難に直面はしておりますが、その直面しているということをいたずらに恐れてはならない。むしろこういう時にこそ、すべてにおいてものの考え方を変えて、今まで考えつかなかったものも考えつくことができる。ですから、この不景気を迎えたということは、考え方によると非常に意義のある年である。

『松下幸之助発言集25』

1月11日　仕事が好きかどうか

好きな仕事での苦労は苦にならない。かえって勇気が湧いてくるものである。

責任ある立場に立ち、何人もの部下をもって仕事をするというようになれば、なかには自分の思う通りに動いてくれない部下も出てきます。いちいち理屈を言う人もあるし、誤解する人もあるし、なかなか自分の意を素直にくんでくれないという場合が生じてくる。そんな時、人間であれば誰でも、時には〝かなわんなあ〟〝困ったなあ〟〝わずらわしいなあ〟と思います。

しかし、そう思っても、その一方でまた、〝何とか誤解をなくしてあの人たちを立派に育てよう、協力してもらえるようにしよう〟と思い直し、自らを慰《なぐさ》めるということが必要です。そうでないと仕事の成功は望めないと思います。そしてそうした思い直し、気分の切り替えができるかどうか、それが私は、その人が仕事が好きかどうかにかかっていると思うのです。

好きであれば、それがそれほどの苦もなくできます。一時的には〝わずらわしい、困ったな〟と思っても、次の瞬間には〝その苦労を乗り切ることが面白いんだ〟ということで、かえって勇気が湧《わ》いてきます。しかし、嫌いだとそうはいきません。

『社員心得帖』

苦悩に陥り、追いこまれてしまっても、もう一度立ち上がれば何ものかを生み出せる。

昭和二十一年十一月三日にＰＨＰ研究所をつくったんですが、当時、私は精神的に非常な苦悩に陥りました。政治が崩れてもうどうすることもできない。極端に言えば、自殺でもせねばならんような状態に追いこまれました。しかしその時にじっと耐えられたんですね。そしてＰＨＰの研究をしようということになったんです。

これは私の逃げ道であったかもしれません。非常に苦しい状態に追いこまれたから、ＰＨＰを考えたということもあろうと思うんです。苦しい中にも相当の光明を見出《みいだ》しておったなら、ＰＨＰは考えなかったかもしれない。しかし光明すらも見失うほど苦しんだところにＰＨＰを生み出したということは、やはりとことんまで落ちてしまうのを途中で歯をくいしばって、一つの枝にぐっとすがりついたというような姿やと思うんです。そのすがりついたのがＰＨＰであったと思うんです。

そうでありますから、苦しいこともありましょうが、苦しむこともよろしいと思うんです。苦しまねばならんと思います。しかしその最後に、それに堕《だ》してしまってはならない、苦しさだけに堕してしまってはならない。そこでやはり何らかの境地をひらいて、そしてもう一ぺん立ち上がらないといかん。

『松下幸之助発言集6』

1月13日　今日の最善、明日の最善

今日の最善は明日にはもう最善ではない。日々新しい信用を生み出すことが大切である。

最近は老舗《しにせ》といわれるところでも潰《つぶ》れていくところが少なくないでしょう。それは、多くの場合、過去の暖簾《のれん》にとらわれて、社会の移り変わりに対応できないところに一つの原因があるように思うのです。

もちろん、先代や先々代が営々として築いてきた暖簾は、店の信用がこもった大切なものです。けれど、変化の激しい今日《こんにち》、ただ過去の暖簾に頼っていては、明日《あす》の発展は生まれません。常にお客さんの要望を適切にキャッチし、刻々とそれにこたえるよう努めて、日々新しい信用を生み出していくことが大切なんですな。

たとえ自分の会社でヒット商品を出したとしても、それに安心するのではなく、その商品をライバルとしてすぐ次の、よりお客様に喜ばれる商品を考えていく、そういう日に新たな姿を生み出していくことこそ大事だと思うのです。

今日《きょう》の最善は明日になればもう最善ではない。明日は明日の最善を生み出していかなければならないということなんですね。

『人生談義』

1月14日　不況もまたよし

不況は本当の勉強ができる機会である。
徹底的に改善に取り組めるいい機会である。

人間というものは、とかく易《やす》きにつきやすいもので、五年、十年と順調に伸びている状態が続くと、どうしてもどこかにゆるみが生じて、いざという時の備えを怠《おこた》りがちになる。そこへパッと不景気が来れば、ガタンと来る。そういうことが多いわけである。

だから、三年に一ぺんぐらい、ちょっとした不景気が来る、十年に一ぺんぐらいは、大きな不景気が来るということは、一面ではお互いの身のため、会社のためだということができると思う。本当は、好況の時にどうしていたかが不況になって生きてくるのだけれども、やはり人間というものは、どんなに賢い人でも、事にあたって多少つまずかないと身に入らない。そう考えて、不況というものには逃げないでこれに立ち向かい、社内のゆるみを引き締め、改善すべき点を徹底的に改善していくことが大事だと思う。不況の時こそ、身に沁《し》みて本当の勉強ができるいい機会だということである。

『松下幸之助　経営語録』

1月15日　全身全霊を打ちこむ

全身全霊で一心に打ちこむ姿が人を動かす。知恵と力が集まり、成果を生み出す。

いささか厳しい言い方をすれば、本業に全身全霊を捧《ささ》げて、そこに喜びが湧《わ》いてこないというようなことでは、その本業から去らなければならないという見方もできると思います。能力の問題ではありません。それに全身全霊を打ちこむ喜びを、もつかもたないかの問題です。

力が及ばない、という人はたくさんあると思います。しかし、及ばないなりに一心に打ちこむならば、その姿はまことに立派なものがあると思うのです。そういう姿が、人に感銘《かんめい》を与え、人を動かすことになります。そこに知恵と力とが集まって、成果を生むことができるようになってきます。

ところが、そういうものがなかったら、いくら力があったとしても、それだけにとどまって、大きな成果はあげられないと思います。ですから、そういう意味で、本業に全身全霊を打ちこんで、なお興味が湧かないというのは許されないことだといえましょう。

『経営心得帖』

1月16日　仕事の味、仕事の喜び

仕事のかたちは時代に応じて変わる。けれどもその本質は変わらない。

最初はつまらないと思えた仕事でも、何年間かこれに取り組んでいるうちに、だんだんと興味が湧《わ》いてくる。そしてそれまで自分でも気づかなかった自分の適性というものが開発されてくる。そういうことがよく起こりえます。つまり、仕事というものは、やればやるほど味の出てくるものだということです。そして、そうした仕事の味が多少ともわかってくるようになるまでには、「石の上にも三年」の諺《ことわざ》通り、やはり、普通は三年はかかるといえるのではないでしょうか。

昔、私の若かった頃には、入ってすぐに辞めるというような人は、今日《こんにち》に比べて少なかったように思います。それは一つには、仕事の種類自体がそれほど多くなかったということにもよるでしょう。しかし、そうしたこと以上に、先輩やいろいろな人から、「石の上にも三年」の諺を度々《たびたび》聞かされ、また自分でもそう言い聞かせて我慢をし、辛抱をした。そのうちに、だんだんと仕事の味、仕事の喜びを見出《みいだ》すといったことであったのではないかと思います。

私は、昔も今も、仕事のかたちは変わっても、その本質には、何ら変わりはないと思います。

『社員心得帖』

1月17日　進んで苦労をする

苦労は買ってでもしなければならない。そうしてこそ、知識や学問が生きてくる。

昔の言葉ですが、「しんどいことは買ってでもせよ。苦労をいやがってはいけない。苦労はむしろ買ってでもしなければならない」ということを、私どもは子供の時分に教えられたものです。苦労を厭《いと》うというような惰弱《だじゃく》なことではいけない。苦労は進んでしなければならない。苦労は買ってでもしなければならない。そうしてこそ真人間《まにんげん》になるのだ。本当の筋金《すじがね》入りの人間になるのだ。単なる知識、学問ではいけないのだ。それを超えた強いものを心の根底に培《つちか》ってはじめて諸君が習った知識なり学問が生きてくるのだ。その根底なくしては学問、知識はむしろ諸君の邪魔になるのだ、諸君の出世の邪魔になるのだ――こういうような教えを、私は聞いたことがあります。

その時は、非常にひどいことを言うな、という感じもしたのですが、長い人生を経て、今、顧みますと、その言葉のいかに尊いものであるかを、しみじみと味わうのです。

『社員稼業』

1月18日　運命を生かしあう

与えられている一切を謙虚に受けとめ、それらを前向きに素直に生かしあいたい。

誰にしても、お互い人間の一生を予知することはできません。知ろうとしてもわからない面があります。しかしわからない範囲においても、こうだという信念をもって、自分自身の道を力強く歩むことを考えなければならないと思います。そうしますと、たとえ大きな成功をおさめても有頂天《うちょうてん》になりませんし、反対に失敗しても驚きません。あくまで坦々《たんたん》とした大道《だいどう》を行くがごとく、処世の道を歩んでいくことができると思いますし、またそういうところに、希望に輝く人生がひらけてくると思うのです。

もしそういうものをお互いの心の奥底にもっていなければ、少しばかりの苦難にも動揺しかねないでしょう。あるいは、あいつはうまいことをやってけしからんと思ってみたり、妬《ねた》んでみたりすることにもなりかねません。それは人情の一面でもありましょうが、しかし決して生産的な考えではないと思うのです。

運命を生かす、などというと、大げさに聞こえるかもしれませんが、しかし各人それぞれに与えられている天分、特質、あるいは家庭や職場など社会環境一切をありのままに謙虚に受けとめ、これを前向きに素直に生かしあいたいと思うのです。

『人間としての成功』

1月19日　自分を承認する

自分の性質を悔やんでも仕方ない。まずは素直に承認してみる。

非常によく眠れる方もあるでしょうし、私と同じようにあまり眠れない方もあるでしょう。それを取り替えるというわけにはいきませんね。甲《こう》君は晩、寝られない質《たち》である。乙《おつ》君はよく寝られる質である。それでお互いに話をして、「君の睡眠を少しこちらへ分けてくれないか」「それはいくらでも分けてあげる」ということで、「君こうして寝たまえ」と教えられても、その通りにはいきません。生まれつきそうなっているのですから。だから、そのことを悔《く》やんでも仕方がないということです。まあ、諦《あきら》めとでも申しますか、そういうものを私は感じるわけです。

これまで多少はそうしたことを苦に病んだこともあるのですが、結局は、素直にこれを承認しよう、これは自分がもともとそういう生まれつきなのだ。非常に肥満した人もあれば細い人もあるように、人にはいろいろな体質がある。それをいちち苦に病んでいてはならない、素直にこれを承認しよう、ということがだんだんわかってまいりました。

『社員稼業』

1月20日　仕事の意義を見出す

今の仕事を自分のものにする。その仕事の意義を自ら見出す。

与えられた自分の仕事というものを、どのように受け取り、どのような考えをもってこれにあたっていくか、そこが私には非常に大事なところだと思われるのである。ただ与えられた仕事だから仕方がないということで、格別の興味もやりがいというものもないままに、何となくやっていくという人もあるであろうし、なかにはこんな仕事は自分には向かないから、ということでかえてもらいたいという人もあるかもしれない。

しかし、私は基本的にはそういうことは、その人自身のためにならないのではないかと思うのである。与えられた仕事を自分なりにどう消化し、どのようにして自分のものとしていくか、そういうことに興味をもって取り組んでいく。そしてその中から自分の仕事の意義を見出《みいだ》し、やりがいを感じていく。そういう姿において与えられた仕事を行なっていくということが、やはり望ましいのではないだろうか。

『その心意気やよし』

1月21日　自分の能力を検討する

能力や適性は固定的なものではない。自らの努力で進歩向上させることができる。

百の力をもった人はそれを適正に認識し、少なくとも九十五の仕事をやるということでなくては、本人のためにも社会のためにも損失である。そのように常に自分の能力というものを検討し、その適性に合った仕事をしていくということになれば、そこにおのずから不平不満はなくなり、むしろ喜びと楽しみをもって仕事ができるようになってくると思う。大きな仕事をすることが尊いのではない。仕事に成功することが尊いのである。

ただその場合もう一つ大事なことは、そのような能力なり適性というものは、固定的な不変のものではない。というより、多くの場合は進歩向上するものであり、むしろ自らの努力で進歩向上させなくてはならないものなのである。だから一面に、その時その時の自分の力を検討し、それを超えた仕事をしないということを心がけつつも、次にはさらに大きな仕事、高度な仕事に適応できるように自分を高めていくということが必要であると思う。そういうことが、自分自身にとってその働きが有効に生かされ大きな喜びとなるし、ひいては会社や世の中にも貢献する結果になると思うのである。

『その心意気やよし』

1月22日　青春とは心の若さである

常に前進する気力さえ失わなければ、心の若さは永遠についてくる。

私には、十数年前から、いわゆる座右《ざゆう》の銘《めい》としている一つの言葉があります。それは、

青　春

青春とは心の若さである
信念と希望にあふれ
勇気にみちて日に新たな活動をつづけるかぎり
青春は永遠にその人のものである

というものですが、これは、古希《こき》の祝いにとある人からもらったアメリカの詩人、サミュエル・ウルマンの詩「青春」にヒントを得てつくってみたものです。

これには、常に若くありたいという希望と、常に若くあらねばならないという戒《いまし》めがこめられています。肉体的な年齢が年々増えていくのは、誰もが避けて通れない事実ですが、心の若さは気のもちようであり、それは必ず表にあらわれます。つまり、常に前へ進む気力さえ失わなければ、若さはいつも向こうからついてくる、というのが私の信念です。

『経営のコツここなりと気づいた価値は百万両』

1月 2月 3月 4月 5月 6月 7月 8月 9月 10月 11月 12月

1月23日　体験を生かす

一瞬一刻、すべてが修業になる。そう考えると、人は体験するほどに賢くなる。

何といっても体験が重要ですが、短い一生のうちに何もかも体験することはできません。ただ考え方次第で、少ない経験でも、多く生かすことはできます。一ぺんでもやってみると、何かの場合にそれが生きてくるものです。だから、一瞬一刻といえども、全部修業になるわけです。そう考えないといけない。諸君が今の知恵才覚で、たいした効果がないと思うことでも、今わからないだけであって、やがてこれから先に仕事をする時、きっと生きてくるでしょう。だから、体験するほど賢くなります。

たとえ、わずかに一里なら一里、十分なら十分かかる道を歩いている場合でも、何かの体験をするはずです。そこから何ものかをつかんでくる。ほんの一木一草《いちぼくいっそう》たりとも、すべて自己の向上に役立つのです。

『君に志はあるか——松下政経塾 塾長問答集』

この世の中はいわば生きた芝居。お互いがその芝居を演じる主人公。

今日《こんにち》の状態は、言ってみれば生きた芝居です。歌舞伎だとか、そういう芝居を見て、「ああ面白い。役者はうまく演ずるな」と言って楽しむことがあります。しかし今のこの世界、この世の中は、本当に生きた芝居です。そして我々は本当の俳優である。主人公そのものである。そういう立役者《たてやくしゃ》にお互いがなっているのです。そういう芝居が始まっているというようにも考えられるわけです。

そのように今の自分というものを考えてみますと、自分は千載一遇《せんざいいちぐう》の好機に生まれた。かつてない人生に出会った。そういう時世に出会ったということは、過去何千億の人々のうち、誰よりも恵まれた時代に生を得たのだ。この喜びを素直に喜んで、名優としてその芝居をうたないといけない。そういうような感じをお互いがもつことが大切ではないかと思うのです。

しかも自分が芝居をすると同時に人が見ている。また自分自身も見ている。全部それは無料である。見料《けんりょう》は要らない。こういうようなことを考えてみますと、血湧《わ》き肉躍《おど》る、と申してもいいような面白い時代に生まれたとも考えられるのです。

『危機日本への私の訴え』

1月25日　おおらかな人生をひらく

仕事も人生も、寿命に達するその瞬間まで、全精神を打ちこんでゆきたいものである。

我々の仕事というものも、それがいつのことかわからないにしても、やはりそこに一つの寿命というものがあるのである。しかし、だからといって、努力してもつまらない、と放棄してしまうようでは、天寿を全《まっと》うせしめることはできない。これは、いわば人間はやがては死ぬのだからと、不摂生《せっせい》、不養生《ようじょう》の限りを尽くすのと同じであろう。

それよりもむしろ、寿命に達するその瞬間までは、そこに自分を生かすというか、全精神を打ちこんでゆくことこそ、大切ではないかと思うのである。

一切のものには寿命がある。ということを知った上で、お互いがそこにすべてを打ちこんでゆくという姿から、僕は大きな安心感というか、おおらかな人生がひらけるのではないか、と思ったりしているのである。

『松風』昭和39年1月号

知識は人間のもっているいわば道具であり、知恵によって運営されるものである。

科学や知識というものは非常に進んできたけれども、その知識を用いて人間生活を高めるべき知恵というものは、あまり進んではいないのではないかという気がする。

知恵と知識とは同じようなものではないかといわれるかもしれないが、知恵と知識とは、ちょっと違うと思う。辞書を引いてみると、知識とは、ある物事について知っているということで、これは誰でも習ったり学んだりして身につけることができる。しかし、これに対して知恵とは、物事の理を悟り、是非《ぜひ》善悪を弁別する心の働きであって、これはそう容易《たやす》く習ったり学んだりすることはできない。自らの経験を積み重ねることによって、体得するものだと思う。

そして、知識というものは知恵によって運営され、処理されるものである。だから、知恵は人間そのものであるといってもよく、一方、知識は人間のもっているいわば道具のようなものであるといえよう。そしてその点がはっきりと分けて考えられていないというところに、一つの大きな問題があるような気がするのである。

『その心意気やよし』

1月27日　成功の原則

働かずして成功することなど普通はない。働く量に応じて成功するのが原則である。

僕はもうあと八十年生きて天寿を全《まっと》うし、もっと儲《もう》けようと思って今、一所懸命やってますねん。若い人は僕以上にそういう意欲を強くもって、希望をふくらまして、成功を信じて仕事に取り組んでいくことですな。

小利口《こりこう》に儲けることを考えたらあきません。世の中にぼろいことはないから、結局流した汗水の量に比例して成功するわけですわ。汗もかかずして、成功するということもたまにはありますけど、それは極めて僥倖《ぎょうこう》な人で、普通はない。だからいちばん熱心にやる。そうすると部下が熱心にやっている社長の姿を見て、何とか我々もやってあげないといかんというて、期せずして皆がよく働くようになる。若い経営者はそれで成功すると思います。

だから成功を信じて、自分が先頭に立って率先垂範《そっせんすいはん》してやる。考え方ややり方はいろいろありましょうけれど、原則としては、働かざる者は成功しないでしょう。知恵を働かすか、体を働かすか、何か働かさないといかん。その働く量に応じて成功するということやと思います。極めて簡単やと思いますな。

『社長になる人に知っておいてほしいこと』

1月28日　自分を動かす大きな力

運命的な力によって、自分は動かされている。その運命に従いつつ、自分を生かしていく。

すべて自分で考え自分で決意したように感じられる電気器具製造の仕事であったが、私にはやはり、そこには何かしら運命的な力が働いているように思えてならないのである。

いつの時代に生まれあわせても、その時代その時代によって、それぞれに機会を得て自分なりに活動し、自分を生かしてゆくということはできると思う。しかし、ある特定の仕事をなすということは、これはその時代に生まれあわせなければできないわけである。だから、人間は一面では自分の意志によって道を求めることもできるけれど、反面、自分の意志以外の大きな力の作用によって動かされているということを考えることも大切なのではないだろうか。もし、そのようなことが考えられるならば、私はそこから非常に力強いものが生まれてくると思う。

人間、自分の意志だけで動いているのだと思うと、何か事があった場合にどうしても動揺しやすい。けれども、もっと大きな力によって自分は動かされているのだと考えれば、それに素直に従ってゆこうということで、ある種の諦《あきら》めというと語弊《ごへい》はあるが、そこに一つの安心感が生まれてくるのではないだろうか。

『その心意気やよし』

1月29日　苦情が結ぶ縁

苦情やお叱りはありがたいものである。誠心誠意の対処で新たな縁が結ばれる。

苦情を言ってくださるというのは非常にありがたいことだと思います。そのおかげで縁が結ばれるわけです。苦情を言わない方は、そのまま〝あそこの製品はもう買わない〟ということで終わってしまうかもしれません。しかし不満を言ってくださる方は、その時は〝もう買わない〟というつもりでも、こちらから出かけていくと〝わざわざ来てくれたのだなあ〟と話もし、それで誠意が通じます。ですから、こちらの対処の仕方次第では、かえって縁が結ばれる場合が多いと思います。

もちろん、お叱りをいただいた場合、それを放っておいたり、こちらの対処の仕方が悪いと、これは縁切れになってしまいます。ですから、お叱りを受けた時は〝これは縁が結ばれるぞ〟と考え、これを丁重に扱って、不満の原因をつかむとともに、誠心誠意対処するということでなくてはなりません。苦情を厭《いと》わない、というより、これを一つの機会として生かしていくことが大事だと思うのです。

『経営心得帖』

1月30日　人生の妙味を味わう

刻々に移りゆく人の世の定めに心を乱さず、それぞれの務めを謙虚に真剣に果たしたい。

時には静かに流れゆく雲の姿を仰《あお》ぎ見たまえ。早く遅く、大きく小さく、白く淡く、高く低く、ひと時も同じ姿を保ってはいない。崩れるがごとく崩れざるがごとく、一瞬一瞬その形を変えて、青い空の中ほどを、さまざまに流れゆく。

これはまさに、人の心、人の定めに似ている。人の心は日に日に変わっていく。そして、人の境遇もまた、昨日《きのう》と今日《きょう》は同じではないのである。今日、安泰《あんたい》であったとしても、それがそのまま明日《あす》の安泰にはつながらない。明日は思わぬ災難に、思わぬ悲運を嘆かなければならぬかもしれない。朝、悲運の心で家を出た人が、夜に思わぬ喜びを抱《いだ》いて帰らぬとは誰が断言できるであろう。刻々に移りゆく人の世の定めに、人は喜びもし、嘆きもするのである。

喜びもよし、悲しみもまたよし、人の世は雲の流れのごとし。そう思い定めれば、あるいは人の心の乱れも幾分《いくぶん》かはおさまるかもしれない。そして、喜べども有《う》頂天《ちょうてん》にならず、悲しめどもいたずらに絶望せず、こんな心境のもとに、人それぞれに、それぞれの務めを、謙虚に真剣に果たすならば、そこにまた人生の妙味《みょうみ》も味わえるのではなかろうか。

『松風』昭和35年6月号

1月31日　一人の目覚め

一人がまず目覚める。
その目覚めによって皆が幸せになる。

私は一人がまず目覚めることが必要であると思います。一人が目覚めることによって、全体が感化され、その団体は立派なものに変わっていき、その成果も非常に偉大なものになると思います。

国の乱れんとする時に、一人の傑物《けつぶつ》が出て国を救うということがよく昔の物語にありますが、それと同じような意味をなすものだと思います。私はそのことを皆さんに十分お考えいただき、なすべきことに情熱を傾けて、そこに生きがいをもっていただきたいと思います。

そして、一人が目覚めれば皆が幸せになるという境地を考えつつ活動してくださることをお願いしたいと思います。

『松風』昭和53年10月号

人生を創るための「金言」ノート（3年分）

1月の全日分を読了後、「①どの言葉・文章が心に強く響いたか」「②それはなぜか」「③今後の行動にどう生かすか」を自問自答して、毎年、簡潔にまとめてみましょう（書き込んだ日付も忘れずに）。その記録を時折読み直し、自らの成長の糧にしましょう。

年　　月　　日

年　　月　　日

年　　月　　日

2月

自分をつかむ

2月1日　それはやっていいことか

やってみたい仕事がある時、その実力が、今の自分にあるかどうかを自問したい。

ここに一つの問題がある。すなわち〝どうして自分の適性をみつけるか〟ということである。これはなかなか難しい問題であって、自分に対する正しい評価を下すということは至難の業《わざ》であるともいえよう。

私は今日《こんにち》まで、一つの仕事を始める場合に、この仕事が自分に適しているか、自分の会社に適しているか、また、それをするだけの実力があるかどうかということを、常に自問自答して判断するように努めてきたつもりである。

時には自分の気持ちとして、この仕事はぜひやりたい、と考えたことは幾度《いくど》もあった。けれども、やりたいということと、やっていいかどうかということとは、やはり別の問題ではないかと思う。

したがって、自分でやってみたいと思う時は、まずその仕事が自分に適しているかどうか、自分にはその実力があるかどうかを、静かに自問自答する。その結果、やりたいけれども自分にはまだその実力がない、と思えばやめる、また、自分はこの仕事に対する適性をもっている、と判断した時にはやる、という、いわば融通無碍《ゆうずうむげ》の態度が大切だと思うのである。

「なぜ」

2月2日　自分の働きを評価する

今月の働きを評価し、自問自答して、自身の働きを高め、新しい境地をひらいていく。

皆さんの月給が仮に十万円であれば、十万円の仕事しかしなかったら、会社には何も残らない。そうなれば会社は株主に配当もできないし、国に税金も納められない。だから、自分の今月の働きが、はたしてどのくらいであったかということを、常に自分に問うていく必要がある。

もちろんどの程度の働きが妥当であり、望ましいかということは一概《いちがい》には言えないが、まあ常識的には、十万円の人であれば少なくとも三十万円の働きをしなくてはならないだろうし、願わくは百万円やってほしい。

そういうふうに自分の働きを評価し、自問自答して自分の働きを高め、さらに新しい境地をひらいていってもらいたい。

『社員心得帖』

2月3日　責任と生きがい

責任を問われるところに生きがいがあり、人としての価値もある。

人は、もともと責任を問われるところに、人としての価値があるのだと思います。責任を問われることが大きければ大きいほど、それだけ価値が高い、ということがいえましょう。ですから、責任を問われるところに、生きがいもあろうというものです。責任に生きがいを感じる――これは非常に大事なことのように思われます。

責任を背負い、そのことに生きがいを覚えないとしたら、年齢は二十歳をどれだけ過ぎようと、一人前の人ではありません。そういう無責任な人たちがはびこっている社会は、健全であるとはいえません。今の日本を民主主義の世の中といいますが、もしそうした無責任な人を、無責任な状態のまま生かしておく社会であったら、民主主義は名だけのものにすぎないことになります。

また、あなたがどういう適性に立ち、どの社会で仕事をしていこうとも、一歩一歩、誠実な歩みを続けられるならば、次第に地位も向上し、事業の発展も見られるでしょう。しかし、その基本となるものは責任の自覚ということです。これなくしては、あなたは人間として成り立たないといっても過言ではないでしょう。

『若さに贈る』

2月4日　徹し方の差

社会に対して責任を果たすことに徹する。その徹し方に「これで十分」などない。

例えば、二つの会社がどちらも社会に対する責任ということを考えて仕事をしている。けれども、その徹し方に紙一枚の差がある。そうすると、同じようにやっていても、一方は「これで十分だ」と考えるが、もう一方は「まだ足りないかもしれないぞ」と考える。もう十分だと考えると、お得意先から苦情があっても、「ああは言うけれど、うちも十分やっているのだから」というようなことになって、つい反論したりする。

けれども、まだ足りないと思えば、そうした苦情に対しても敏感にそれを受け入れ、対処していくということになる。そういうことが、商品の上に、技術の上に、販売の上に、さらに経営全般に行われ、それが立派な業績をあげることに結びついてくるわけである。

そのようにして、最初は紙一枚の差にすぎなかったのが、年月を重ねるにつれて大きな差を生むようになってくる。

『経済談義』

2月5日　自分を点数で評定する

これまでの成果と失敗を点数にしてみる。通算してプラスになっているかどうか。

いかなる聖人君子といえども、完全無欠な人間になるなどということは不可能だと思う。なぜなら神は、人間を人間としてつくったのであって、神のごとき完璧《かんぺき》なものとしてつくっているとは思えないからである。だから、お互い人間として、一つのことに成功することもあろうし、時には過《あやま》ちもあるだろう。それは人間としてやむをえないというか、いわば当たり前の姿だと思う。しかし、過ちと正しいことを通算して、正しいことのほうがプラスになるような働きなり生活をもたなければ、これは人間として決して望ましい姿とはいえないと思うのである。

例えば、ある人はあることには非常にすぐれたものをもっている。しかもそれには生命を打ちこんで成果をあげている。それを今、仮に点数で表し、一方またその人が他の面で失敗したことも点数に表してみると、はたしてどうなるか。僕は、前者のほうが後者よりも点数が高いというか、プラスになっているということが少なくとも必要だと思う。それを自ら評定して、自分は大体何点くらいあるかということを、素直に考えてみることが大事である。

『松風』昭和42年11月号

一個人の失敗は周囲や社会に迷惑を及ぼす。その自覚をもって、責任ある行動をとりたい。

今日《こんにち》の社会では、人々は密接につながりあっている。誰でも、自分一人ということは考えられないのである。このような社会にあって、自分の適性にかなった仕事に成功するということは、これは単に自分一人の幸せだけではなく、それは同時に、社会全体に対する貢献でもあると思うのである。

一方、適性をもたないのに、個人的な感情や欲望にとらわれて仕事をする場合は、失敗することが多いと思う。しかも、その失敗は単に自分だけの失敗ではないのであって、一個人の失敗は周囲の人々はもとより社会全体に迷惑を及ぼし、損害を与えることになるといえよう。

私は、このことを、すべての人々がはっきりと自覚しなければならないと思う。この自覚をしっかりともって責任ある行動をとるところに、その社会の発展があると考えるのである。

『なぜ』

2月7日　主座を保つ

責任の自覚をもたない個人の集まりは、非常に頼りない存在である。

今、仮にお互いが社長であるとしても、社長としての責任を自覚しなければ、その地位は保てないということですね。都合のいい時だけ自分は社長であるというのであってはならない。都合がよくても悪くても、終始一貫、社長としての意識に立っていなければいけない。部長であれば部長、課長であれば課長の意識に立っていないといけないと思います。そういう意味からすれば、お互いが一人の人間として生きる時には、それぞれの立場において個人としての主座《しゅざ》というものがあるはずです。その主座というものをお互いにはっきりと握っていなければいけない。同時に個人としての責任というものを正しく自覚しなければいけない。こういうことになると思うのです。そういうものをもたない個人というものは、非常に頼りない存在である。〝烏合《うごう》の衆〟という言葉がありますが、そういう人々は、主座をもたない、自己意識というものをもたない人々であるという感じがするのです。

ですから、個人としても、それぞれの立場において、主座を保つことが必要である。すなわち、それなりの責任自覚をもたなければならない。そうしてはじめて、個人の存在というものがはっきりしてくると思うのです。

『危機日本への私の訴え』

2月8日　自分の仕事の人気

自分の仕事が社会に受け入れられているか。それを知らずしては次の仕事に進めない。

いわゆる芸能人が、自分の人気を気にすることは全く痛々しいほどで、その日の舞台が観客にどんな受け取られ方をしたかを毎日真剣に反省し、よければよいでさらにこれを伸ばし、悪ければ悪いで何とかこれを改善しようと、寸時《すんじ》の休みもなしに工夫を凝《こ》らす。人気が自分の生命を左右することを、これほど深刻に、身に沁《し》みて感じている人々は、他にちょっと類がないであろう。

もっともこれが度を過ぎると、そこから何かと弊害も生まれてくるが、しかしこうした心がまえがあるからこそ、激しい実力の世界を切り抜けて、芸の進歩が生み出されてくる。

これはお互いに、十分見習わねばならぬことである。現在の自分の仕事が、人々にどんな影響を与え、また社会にどのように受け入れられているか、これを知らずしては、誰も次の仕事に進めない。それがどんな些細《ささい》な仕事であっても、こうした日々の反省が、次の工夫を生み出し、進歩を促《うなが》す。もちろん不必要にこれにとらわれ、つまらぬ頭の痛め方をすることはないけれど、いわゆる自分の仕事の人気ということについては、お互いに無関心であってよいはずがないのである。

『続・道をひらく』

2月9日　先輩に尋ねてみる

自信がない時は先輩に尋ねてみる。そうして正しい判断を下していく。

自分で考えても、なかなか判断がつかないこと、自分には適性があるのかどうか、自分の会社にはその適性があるのかどうか、という正しい評価を下せないことも、度々《たびたび》あると思う。そのような時に、私はどう対処してきたかというと、私はそれを周囲の人々に尋ねたのである。いわゆる先輩といわれる人に、「今、自分は非常に迷っています。この仕事がやりたいのですが、はたして自分に、また会社に、その実力があるかどうか。自分や会社に適した仕事であるかどうか。私にはわからないのです。あなたとしてはどうお考えになりますか」というように尋ねてみる。

その人は利害関係のない第三者であるから、「君は今、幸いうまくやっているが、そこまで手を伸ばしたら危ない。やめておいたほうが賢い」というように教えてもらえる。それで納得がいく時は、そこでやめておく。けれども、そう言われても、なおやりたいと思う時がある。そんな時には、第二の人に、もう一度尋ねてみるのである。そして、その人から同じことを言われると、相談をもちかけた二人までがいけないと言われた、自分にもはっきりした自信がなかったのだから、自分も危ないと思っている、それならばやめておこう、というように考えるのである。

『なぜ』

2月10日　自分は自分

百億の人がいても自分は自分である。他人とは違うという誇りをもちたい。

人間と犬とは違う。これは見ただけでわかる。だからお互いに犬の真似《まね》はしない。人間としての誇りを知らず識《し》らずもっているからである。だが、見ただけでわからないのが人間同士である。なるほど顔も違えば気性《きしょう》も違う。これは誰でも知っている。だから人を見違えるようなことを誰もしない。それなのに、どうしてみんなあんなに、他人と同じようなことをやりたがるのだろう。

自分は自分である。百億の人間がおっても、自分は自分である。そこに自分の誇りがあり、自信がある。そしてこんな人こそが、社会の繁栄のために本当に必要なのである。自分を失った人間が百億おっても、それこそ烏合《うごう》の衆にすぎない。自己を認識しないで、ただいたずらに他人の真似をしたがるのは、あたかも人間が犬の真似をするのと同じである。そこには何の誇りもない。

お互いに、自分が他人と違う点を、もっとよく考えてみよう。そして、人真似をしないで、自分の道を自分の力で歩んでいこう。そこにお互いの幸福と繁栄の道があある。

『続・道をひらく』

2月11日　勝負の結果

今日の勝負の結果を今日知るためにも、自分の力が今日、どれだけ伸びたか反省する。

実力に相当した仕事を、我々は社会に対して約束しているんだ。皆さんは会社に約束しているんだ。それを考えると、自分の実力というものがこれだけ伸びたということを、皆さんが言えるかどうか。この際ひとつ皆さんにお聞きしてみたい。

考えてみますと、実は会社自身にも土俵があって、相撲《すもう》を取っているんです。けれども、行司がいないために勝負はすぐにはわからない。しかし大きな意味での行司はやはりいるんです。それはどういうことかというと、会社は業界において、日々《にちにち》相撲を取っていて、二年、三年の間《あいだ》には、自然と業界の人が、あるいは一般の需要者が、さらには広く社会の人たちが、軍配をどっちかに上げて判定してくれる。そういうようにして勝負は決まるんです。けれどもこれは瞬間に勝負が決まる相撲のようには簡単にいかない。非常に長い時間がかかる。しかし二年なり三年たってからこっちが負けた、こっちが勝ったということがわかったのではもう遅い。ですから今日《きょう》の勝負の結果は今日知りたいと私は思うのです。そのためには、皆さんが毎日、自分の力がどれだけ伸びたかということを反省してみる。皆さんの力が伸びずに会社の力が伸びるということは、あるはずがないと私は思います。

『松下幸之助発言集25』

2月12日　困難に体当たりする

困難にぶつかっていく気概があるか。喜び勇んで体当たりする心意気があるか。

修業時代の若い人たちは、職場の選び方にも、むしろ困難な部署を選ぶぐらいの心意気が必要である。会社でも、人のいやがる仕事でも、辛《つら》い部署で修業するのもまた面白い、ひとつがんばろうと喜び勇んでぶつかってゆく意気がほしいと思う。

人間は物事を悪くとり、悲しんでいたんでは際限がなく、ついには自殺する人も出てくるものである。これは心の持ち方次第である。成功した人たちの伝記を読んでみると、普通の人なら、その困難に打ち負かされて自殺するようなところを、むしろ反対に喜び勇んでその困難に体当たりしている。

『物の見方　考え方』

2月13日　こわさを感じる

親、世間、神、自分自身といったものに、こわさを感じる姿勢が必要である。

子供は親や教師にこわさを感ずるでしょう。店員は主人がこわいし、社員は社長がこわい。また会社で最高の地位にいる社長にしても世間がこわいというように、人はそれぞれにこわいものをもっているわけです。また、他人がこわいというだけでなく、自分自身がこわいという場合もあります。ともすれば自分はつい怠《なま》けがちになるが、この怠け心がこわい。あるいは他人に対して傲慢《ごうまん》になりがちな自分の性格がこわいということもあると思います。何か事をなすにあたって、自分の勇気のなさ、信念のなさがこわいということもあるでしょう。また神がこわいとか、自分の運命がこわいということもあるかもしれません。そういうただ単に犬にかまれるのがこわいといったこわさとは違った、もっと精神的な意味でのこわさというものを常に感ずることが必要ではないかと思うのです。

なぜなら、お互い人間にとっては、何ものかにこわさを感じて、それを恐れつつ、身を慎《つつし》んでゆくことが大切なのであって、もし、そういうこわさというものが何もないならば、自分の思うようにふるまうことはできても、結局は、自分をダメにしてしまうことが少なくないからです。

『人間としての成功』

一つの物事にもいろいろな見方がある。見方次第でマイナスにもプラスにもなる。

同じ一つの物事であっても、それに対して、いろいろな見方があり、さまざまな面から考えることができるわけです。だから、一見してマイナスと思われるようなことでも、実際にはそれなりのプラスがあるというのが世の常ではないかと思います。言ってみれば、雨が降れば着物が濡《ぬ》れて困ると見る見方もある半面、畑の作物を潤《うるお》してくれると喜んで見る見方もあるわけです。

ところが、そのうちの一面のみを見てそれにとらわれてしまうと、いたずらに心を悩ませたり、極端な場合は絶望して自らの命を絶つといったような不幸な姿にも陥りかねないわけです。

『素直な心になるために』

2月15日　平常心が大事

大惨事をひき起こさないためにも、お互いに平常心、平静心が不可欠である。

時間に追われて慌《あわ》ててしまい、信号も見ずに車道へとび出し、ちょうどそこへ来た車にはねられてケガをしたり、時には命までも失うというような例も実際には少なくありません。また、車の運転者のほうでも、急ぐあまりに無理な追い越しをして事故をひき起こし、多数の死傷者を出してしまった、といったことを頻繁《ひんぱん》に起こしています。

たとえ命のやりとりをする戦いの場はなくなったとしても、このような命のやりとりとでもいうべき好ましからざる姿が続出していることを思うにつけ、平常心、平静心というものが、今日《こんにち》においても必要不可欠であると痛感されます。

さらに、人との交渉の際などにおいても、また試験を受けたりスポーツ競技に参加した場合などにおいても、同じように平常心、平静心というものが大事になってくるのではないでしょうか。

『素直な心になるために』

2月16日　能力と昇進昇格

地位・役職にふさわしい能力がない場合、昇進の辞退も考えるべきである。

よく聞く話であるが、あの人は平社員であった時には仕事もよくできて非常に有能だったけれども、主任になったら部下にも十分に働いてもらっていないし、自分もあまり仕事ができていないとか、彼は課長としてはまことに立派な課長だったが、部長にしたらどうも成績があがらないなどということがある。これは結局、その人にその地位にふさわしい能力がなかったということであろう。

わが国ではいわゆる年功序列制というものがあって、能力以外の配慮から昇進昇格させるということが、まだまだ一面にはあると思う。そして、課長なり部長なりになった本人も喜び、周囲も祝福するが、あにはからんや本人にはその力がなく、結局は会社にもマイナスになり、本人も不幸であるということも起こってくる。

これが、もしその人が本当に自分の実力なり限界なりを認識しており、たとえ会社から「君、部長になってくれ」と言われても、「いや、私には課長は務まりますが、部長になるには力不足ですので、固く辞退させていただきます」と言ったとすれば、この人はまず失敗しないだろうし、課長として成功できる人だと思う。

もちろん、これと逆のこともいえるのであろう。

『その心意気やよし』

2月17日　失敗の芽生え

社会に対して自分を誇示したいという、誰にでもある気負いが人生の失敗の芽となる。

今日《こんにち》ふり返ってみると、私が断ろうと思えばできないこともなかったわけだ。私はやりたいと思うけれども、お国のための仕事はこんなにある。それすらも十分にできないのだ。その上さらに飛行機※をと言われても、それでは両方ともに満足にご奉公《ほうこう》できなくなるから、国のためを思うてお断りします。そう言えば立派な答弁だ。それを言わずにそれもひとつやりましょう、と引き受けたところに、自分の気負ったところがあったのだ。

誰でも人間である以上そういう気はある。それは、体裁《ていさい》よく言えば理想ともいえるし、夢ともいえるけれども、一つはそこに衒《てら》う気がある。社会に対して自分を誇示したいという気が、人間いくつになってもあるものだ。それは個人の仕事の範囲であろうが、会社の仕事であろうが、あるいは国の仕事であろうが、人生の失敗は全部、そういうところから芽生えるように思う。

『仕事の夢　暮しの夢』

※太平洋戦争時に軍令に従い、幸之助は飛行機製造にも着手した。

2月18日　ぼろいことはない

他人の庭の花が赤く見えることもあるが、それは心の迷い。この世に楽なことなどない。

人間お互いに落ち着きを失ってくると、他人の庭の花が何となく赤く見えてきて、コツコツまじめにやっているのは自分だけ、人はみな濡《ぬ》れ手で粟《あわ》、楽をしながら何かぼろいことをやっているように思えてならなくなる。だから自分も何か一つと思いがちだが、そうは世間は許さない。

人情として、時にこんな迷いをもつのも無理はないけれど、この世の中に、決してぼろいことはないのである。楽なことはないのである。あるように見えるのは、それはこちらの心の迷いで、本当は、どなたさまも、やはり一歩一歩地道に積み重ねてきた着実な成果を表しておられるのである。

『道をひらく』

2月19日　すぐに治療する

会社も国も“病気”におかされたら、すぐに治療をするべきである。

人が病気にかかるように、会社も、また国も、時には病気におかされるというような場合があると思う。そういった時には、個々人であれば薬を飲んだりして治す。しかし、会社や国となると世間体《せけんてい》を気にして、飲むべき薬も飲まないでおくという場合も出てくる。つまり、病気にかかっていることを知られたくない、という気持ちが働くのである。

けれども、薬を飲まずにおいたら、一日で治る病気が五日も十日も治らない、というようなことになってしまうかもわからない。だから、会社とか国が、どうも好ましくないというような状態に陥ったと気づいた場合には、やはり体面《たいめん》を気にせず、躊躇《ちゅうちょ》することなく、すぐに治療することが大切だと思う。なすべき時には何でもなさねばならないと思うのである。

『思うまま』

2月20日　千の悩みも結局は一つ

いちばん大きな悩みだけしか悩まない。それが人間の心の自然な働きである。

千の悩みをもっていても、結局、悩むのは一つ。いちばん大きなものに悩みをもつ。そういうものである。

私の今までの経験の中でも、同時に五つも六つも問題が起こったこともある。それぞれが、いわば悩みのタネである。どれも頭が痛い問題である。しかし、そういう姿をくり返しているうちに、やがて一つの悩みも十の悩みも結論は一緒だなということに気づいた。

結局、その時のいちばん大きな悩みが頭を占めることになる。それで頭がいっぱいになれば、他のものはみな第二、第三になってしまう。そうなるから、また何とかやってこられたわけである。十も二十も悩みがあって、それを全部同時に悩んでいたのでは、とても身がもたない。

ところが、うまい具合にそうはならない。言ってみれば心の自然な働きとして、人間はいちばん大きな悩みだけしか悩まない。そうなっている。もちろん、それであとの悩みが解消されてしまうわけではない。しかしそれほど心を悩ませない。そこで、人間は何とかやっていける。生きていく道が生まれてくるのである。

『人を活かす経営』

2月21日　人の心は伸縮自在

人間の心はまことに面白いものである。伸縮自在で、自由に操ることができる。

人間の心というものは、まことに不思議なものです。

僕は、人間の心をよく孫悟空《そんごくう》の如意棒《にょいぼう》にたとえて考えるのですよ。ご存じのように、孫悟空の持っている如意棒は、孫悟空の思うように伸びたり縮んだりします。時には六尺に伸びて悪人をこらしめたり、小さく縮んで耳の穴に入ってしまったり。まことに自由自在ですわ。人間の心も、ちょうど、この如意棒のようなものではないでしょうか。

いわゆる悲嘆のどん底に沈んだ心は、この如意棒が小さく縮まった姿ですね。そんな時は伸ばしてやらなければならない。反対に天下でもとろうというぐらいの勇気凛々《りんりん》とした心は、如意棒が大きく伸びた時の姿です。これも伸びすぎると、少し縮めてやらねばならない。そのように、ある場合にはぐんと伸ばしてみたり、ある場合には多少縮めてみたり、人間が自由に操《あやつ》れる人間の心というものは、まことに面白いものだと思います。

『人生談義』

2月22日　伝記の読み方

偉人の通りにやっても失敗する。伝記は参考にしても真似するものではない。

山岡荘八《そうはち》という人が、徳川家康の伝記を書きました。あれが相当、実業界で流行《はや》ったのです。経営する者は、家康の伝記を読めというのです。家康がどういう時にどういう人を使っているか、どういうようにやっているかということが、ちゃんと研究して書いてあるのです。これは非常にためになるというので、実業界の幹部たらんとする人は皆それを読んだわけです。それを私はある人に勧められたのです。「君も読んだらどうか」と。「どういうわけで読むのか」と聞くと、「それはつまりなかなかためになるぞ」と言う。「いやそれは、僕はあかん」と、私は言ったのです。「なぜあかんのか」「それは君、家康しかできないことが書いてあるのだろう。家康でない者が家康のする通りしたら失敗するではないか。自分は読む必要がないと思う。けれどそれは面白いから読めとか、慰安になるから読めとか、軽い参考になるから読めというのだったら、それは読むけれども、ためになるからその通りやれとなると、これはえらい失敗をする。松下と家康とは違うのだ。家康も僕のした通りやったら失敗するだろうし、僕も家康のした通りやったら失敗する」。

これは皆さんもそうです。ここが非常に大事なことです。

『社員稼業』

2月23日　教えてもらい消化する

先輩や同僚・部下、社外にも教えを請う。そしてわが腕にする、わが技術にする。

自分が担当している技術、自分が専門にしている技術については、十年たてば一人前であるかどうか、技術部長に任命されても完全にやってのけるという腕をもっておるのかどうか、それを自問自答してもらいたい。そして、もっていないと思うならば、もつように勉強するにはどうしたらいいかをお考え願いたい。

自分一人でできるのか。自分一人でできなければどうしたらできるのか。それは先輩に教えを請うということも一つの方法でしょう。同僚に相談してお互いに勉強しあうということも方法でしょう。社内にそういう人がなければ、社外にそれを求めるということも必要でしょう。あるいは部下にそれを求めるということもできましょう。部下は自分より技術が下だ、だから部下に求めても成長しないだろうと思ったら大変な間違いである。

半分は先輩から教えてもらう、半分は部下から教えてもらう。その二つの教えを自分が消化をして、自らそこにものを求めていく、ものをつくりあげていく、わが腕にする、わが技術にするということがなくてはいけないと思うのであります。

『松下幸之助発言集28』

2月24日　話を聞く

若い社員でも問題を発見したら意見を言う。責任者も喜んでその意見を聞く。

会社に入った皆さんは今後、こんなことをしていたらダメじゃないか、という点をたくさん発見すると思います。それがしばらくすると、もうわからなくなってしまいます。けれども入ってまもなくだったら、純真ですからよくわかるのです。だから、なにも人を陥《おとしい》れるとか、そういう意味ではなく、気のつくことがたくさんあります。「こういうことをやってみたらどうですか」というようなことを、責任者にいくらでも言えると思うのです。

また責任者も、非常に喜んでそれを聞くようにしようではないかということを、私は話してあります。「我々は上長《じょうちょう》として最善を尽くしているけれども、そう心がけてはいても、何が正しいかわからなくなる場合もある。第三者的な人、新入社員にもいろいろ意見を聞くことによって、なるほど、それは考えないといけないな、ということがたくさんあるのだから、なるべく皆に話を聞くようにしないといけない」ということを始終話しているのです。

『社員稼業』

2月25日　大道と畦道

多くの人は目の前の広い道を無理にはずれて歩いてしまうから、なかなか成功しない。

人間にはすべて、それぞれ名前がある。まず、その名前をはっきり認識することである。例えば山本三郎であれば「自分は山本三郎だ」とはっきり自分に感じなければならない。その上にもう一つ重要なものがある。「自分は日本人の山本三郎だ」ということである。さらにその人が会社に入ると、もう一つ「日本の何々《なになに》会社の社員山本三郎である」という認識を新たにしなければならない。そして会社と運命をともにするという気持ちを、自分の心に植えつけ信念化することが望ましい。そうすれば、その人の存在価値というものは非常に強くなり、またその人の周囲をも感化することができるわけである。こういうような人物は、どこの会社でも非常に少ないが、成功者の多くは、この人たちの中から生まれていると思う。

私は成功というものは、いとも容易《たやす》いことだと思う。しかし必ずしも多くの人が成功しないということは、大道《だいどう》があるのに無理に畦道《あぜみち》を歩いていくからである。目の前に大道があるのに、こちらのほうがよさそうだなどと言って畦道を通れば、溝に落ちたり、落ちないまでも道が悪いから、なかなか進まないということになるのである。

『物の見方　考え方』

2月26日　自己認識を過たない

自己の力の認識・認定を誤ると、大きな失敗につながってしまう。

皆さん自身の力を過《あやま》たず認識することが大切だと思います。皆さんが、自分の総合の力は今どの程度であるか、それはどう培養《ばいよう》されているのか、ということを認識することが非常に大切だと思うのです。これは、自己認識とでもいうのでしょうか。そういうことを皆さんが考えつつ仕事をしていけば、個々に多少の失敗はあっても、大きな失敗は絶対ないと思います。ところがこの自己認識というのは、相当難しいことだと思うのです。しかし皆さん個人が自己認識する以上に難しいのは、会社全体の力の判定ということです。自分が自分を判定するのも難しいが、自分の会社の総合した力を認識するのはそれ以上に難しいのです。しかしその難しい認識をある程度しなければ、本当に誤りのない仕事はできないと思うのです。

会社の経営者は、いろいろと計画を立てることも必要です。けれどもその計画を立てる根底は、そういう自己の力の認識でなくてはならないと思います。その力に見誤りがあったならば、大きな失敗があるだろうと思うのです。私の会社でも、過去に幾多《いくた》の失敗を重ねました。その失敗の原因を尋ねてみると、やはり全部会社の力の認定を誤っているわけです。

『道は無限にある』

2月27日　われ何をなすべきか

自分をよくみつめ直し、私心なく理解する。その上で“われ何をなすべきか”を考える。

自省《じせい》の強い人は、自分というものをよく知っている。すなわち、自分で自分をよくみつめているのである。僕はこれを〝自己観照《じこかんしょう》〟と呼んでいるけれども、自分の心を一ぺん自分の身体から取り出して、外からもう一度自分というものを見直してみる。これができる人には、自分というものが、素直に私心なく理解できるわけである。

こういう人には、過《あやま》ちが非常に少ない。自分にどれほどの力があるか、自分はどれほどのことができるか、自分の適性は何か、自分の欠点はどうしたところにあるのか、というようなことが、ごく自然に、何ものにもとらわれることなく見出《みいだ》されてくると思うのである。そうした上に立って〝われ何をなすべきか〟を考えるのだから、その人の行動に過ちの少ないのは、いわば当然のことなのであろう。

人間の心の働きというものは、今も昔も、そうたいして変わっていないようである。戦国時代の武将たちの興亡の歴史をふり返ってみても、この自己観照ができている武将と、そうでない人たちとの違いが、そのまま浮沈《ふちん》につながっていることが多く、まことに興味深いものがある。

『松風』昭和39年2月号

2月28日　それぞれの生きがい

生きがいは、いろいろあっていい。人それぞれに、いろいろあっていい。

人間としてこの世に生を享《う》けた以上、やはり生きがいの感じられる人生を送りたい、というのがお互い誰しもの願いでしょう。これといった生きがいももたず、ただ何となく毎日を過ごすということでは、決して幸せな人生とはいえないと思います。

それでは、その生きがいをどういうところに求めるかということになりますが、これは現実にはいろいろな姿があるでしょう。ある人は趣味とかスポーツが生きがいだと言うかもしれません。あるいは、自分の生きがいは家庭であるとか、子供の成長だと言う人もあるでしょう。また、お金をためることだとか、おいしいものを食べることを最大の生きがいにする、と言う人もあると思います。

生きがいというものは、そのように人それぞれにいろいろあると思いますし、またいろいろあっていいと思います。

『人生心得帖』

2月29日　今日までの道程

成果は大事だが、成果を生む過程、その背景といったものをもっと重視したい。

「ローマは一日にしてならず」という言葉があるけれども、どんなものにも、それが今日《こんにち》ここにあるということの裏には、それぞれにそれぞれの生い立ちなり、経過なり、事情というものがあるわけで、その背景というか道程《どうてい》というものを無視したり、無視しないまでも深い考慮を加えずに、軽率な言動をとることは、お互いに十分に慎《つつし》みたいと思うのである。

道端《みちばた》の無心な石一つ、草一本にも、それがそこにあることにはいろいろの事情があり、流転《るてん》があったに違いない。そして、草に心があり石に口があったならば、我々にその流転を語り、今日ここにあることの事情を切々と話しかけるに違いない。

我々は事をなすにあたって、その事の成果を大事にすることはもちろんであるけれども、同時にその成果を生むまでの過程をも、もっと重視したい。そうすることによって、自然な謙虚さが生まれ、軽率な判断も、これを避けることができるようになるであろう。

『松風』昭和52年5月号

人生を創るための「金言」ノート（3年分）

2月の全日分を読了後、「①どの言葉・文章が心に強く響いたか」
「②それはなぜか」「③今後の行動にどう生かすか」を自問自答して、
毎年、簡潔にまとめてみましょう（書き込んだ日付も忘れずに）。
その記録を時折読み直し、自らの成長の糧にしましょう。

年　月　日

年　月　日

年　月　日

3月

考える力を高める

3月1日　“なぜ”と問う

進歩し続けるために“なぜ”と問う。私心なく一所懸命に問うてみる。

子供の心は素直である。だからわからぬことがあればすぐに問う。〝なぜ、なぜ〟と。子供は一所懸命である。熱心である。だから与えられた答えを、自分でも懸命に考える。考えて納得がゆかなければ、どこまでも問い返す。〝なぜ、なぜ〟と。

子供の心には私心がない。とらわれがない。いいものはいいし、悪いものは悪い。だから思わぬ物事の本質をつくことがしばしばある。子供はこうして成長する。〝なぜ〟と問うて、それを教えられて、その教えを素直に自分で考えて、さらに〝なぜ〟と問い返して、そして日一日と成長してゆくのである。

大人もまた同じである。日に新たであるためには、いつも〝なぜ〟と問わねばならぬ。そしてその答えを、自分でも考え、また他にも教えを求める。素直で私心なく、熱心で一所懸命ならば、〝なぜ〟と問うタネは随処《ずいしょ》にある。それを見失って、今日《きょう》は昨日《きのう》のごとく、明日《あす》も今日のごとく、十年一日《いちじつ》のごとき形式に堕《だ》した時、その人の進歩は止まる。社会の進歩も止まる。

繁栄は〝なぜ〟と問うところから生まれてくるのである。

『道をひらく』

3月2日　仕事に興味と理解をもつ

仕事の使命感がわかってくると、その尊さもわかり、興味も湧いてくる。

緊張につぐ緊張をもって続けることは大変難しい。しかし、心の底には一所懸命にやるという精神をぐっと握ってやらなくてはならんかと思うんです。それにはやっぱり、その仕事に興味をもたなくてはいかん。その仕事に興味をもつかもたないかは、生来《せいらい》その仕事に向かない人もなかにはありますが、大部分はその仕事の使命感がわかってくると、尊さもわかってくるから、興味も湧《わ》いてくることになると思うんです。だから、その仕事に対して非常に理解がなければいけない。そこから興味が湧き、熱意が湧いてくる。

いやで仕方がないけれども一所懸命やることは、これは疲れますわ。すぐに肩が凝《こ》ります。またスカタンをするし、能率が上がらない。叱られる。不平が起こる。けしからんやっちゃと、こうなる。簡単ですね、成功の道と不成功の道は極めて簡単だと思うんです。私は、世の中というのは決して難しくないと思うんです。難しくないものを難しくするのは誰かというと、本人自身ですわ。自分自身が難しくしている。

『松下幸之助発言集11』

3月3日　新しい解釈を見出す

悩みに負けてしまわない。新しい解釈を見出して、乗り越える。

卑近《ひきん》な例をあげれば、仮に長雨が続いていやだということで悩んでいたとするならば、いやこの長雨によって豊かな水が供給され、人間生活に役立つのだ、というように考える。言ってみれば、見方の転換をするわけである。新しい解釈をする。

もちろん、実際に起こってくる問題は、そういう雨の場合のような簡単な問題ではない。もっと複雑な問題が多い。だから、そうした新しい解釈はすぐには出てこない。それで、そういう解釈に辿《たど》りつく前には、やはり何時間か、また長い時には何日間も悩む。これはやむをえない。これは仕方がない。

そのように、私も常に悩みをもっているのである。ただ、その悩みに負けてしまわない。最後の結論においては、自分なりに新しい見方、解釈を見出《みいだ》して、その悩みを乗り越えていくわけである。

『人を活かす経営』

3月4日　お互いの素質を生かす

人は誰もが、磨けばそれぞれに光る、さまざまな素晴らしい素質をもっている。

私は、お互い人間はあたかもダイヤモンドの原石のごときものだと考えている。つまり、ダイヤモンドの原石は磨くことによって光を放つ。しかもそれは、磨き方いかん、カットの仕方いかんで、さまざまに異なる燦然《さんぜん》とした輝きを放つのである。それと同じように、人間は誰もが、磨けばそれぞれに光る、さまざまな素晴らしい素質をもっている。だから、人を育て、生かすにあたっても、まずそういう人間の本質というものをよく認識して、それぞれの人がもっているすぐれた素質が生きるような配慮をしていく。それがやはり、基本ではないか。もしそういう認識がなければ、いくらよき人材がそこにあっても、その人を人材として生かすことは難しいと思う。

『人を活かす経営』

3月5日　素直な心になる

今日も素直な心で物事を見て対処する。一日一回はそういう気分になりたい。

「どうすれば素直な心になれるのか」と、こういう質問を受けました。それで私はその時、「僕は素直な心にならなければいけないと自分でも思っているし、君にも話したのだが、素直な心というのは非常に尊いものだ。その尊いものは、一朝一夕《いっちょういっせき》には得られないと僕は思う。もし君が素直な心になってものを見ていこうと欲するならば、毎日、朝起きた時に、今日《きょう》も素直な心で物事を見ていこう、対処していこうということを、神様に向かってでもいいし、仏様に向かってでもいい、あるいは、そういうものなしに自分の心にそれを言って聞かせても、それはどうでもいいけれども、とにかく一日一回はそういう気分になることだ」「そうしたらなれるか」「それはなれる。しかし、素直な心が常に働くということは、素直な心の初段になるということだ」「君、素直な心に段があるのか」「いや、段があるわけではないけれども、段階をいうと、素直な心の初段者といえば、相当にいつの場合でも素直に心が働くから、まず失敗はないだろう」「じゃあ君、初段にはどうしたらなれるのか」というような会話をかわしたのです。

『社員稼業』

素直な心になれば、正邪の判別を誤らず、適時適切な判断ができる。

本当の意味の素直さというものは、力強く、積極的な内容をもつものだと思います。つまり、素直な心とは、私心なくくもりのない心というか、一つのことにとらわれずに、物事をあるがままに見ようとする心といえるでしょう。そういう心からは、物事の実相をつかむ力も生まれてくるのではないかと思うのです。だから、素直な心というものは、真理をつかむ働きのある心だと思います。物事の真実を見極めて、それに適応していく心だと思うのです。

したがって、お互いが素直な心になれば、していいこと、してならないことの区別も明らかとなり、また正邪の判別も誤ることなく、何をなすべきかもおのずとわかってくるというように、あらゆる物事に関して適時適切な判断のもとに力強い歩みができるようになってくるのではないかと思います。つまりお互いが素直な心になったならば、〝強く正しく聡明《そうめい》になる〟と思います。

『素直な心になるために』

3月7日　大自然の営みにふれる

自然と親しみ、自然の動きを観察していくと、素直な心を、自らの内に養うことができる。

お互いが素直な心を養っていくために大切なことの一つに、自然と親しむということか、大自然のさまざまな営み、姿というものにふれるということもあるのではないでしょうか。

自然の営みというものには、私心もなければ、とらわれもないと思います。言ってみれば、文字通り素直に物事が運び、素直なかたちで一切が推移していると思うのです。したがって、そういう大自然の営みの中に身をおいて、静かに自然の形を見、その動きを観察していくならば、しだいしだいに素直な心というものを肌で理解し、それを自らの内に養っていくということもできるようになると思うのです。

『素直な心になるために』

3月8日　口に出して唱えあう

絶えず「素直」になることを念頭におく。それをお互いに口に出して唱えあう。

往々にして日々の忙しさにとりまぎれ、素直な心になることをつい忘れてしまうということもあると思われます。そこで、お互いが素直な心になるということを忘れてしまうことのないように、折にふれ、時に応じて、お互いに「素直な心になりましょう」とか「素直な心になって」ということを、いわば一つの合言葉のように口に出して唱えあうということが必要ではないかと思います。

例えば、朝起きてお互いが顔を合わせたならば、「おはようございます。今日《きょう》も素直な心で過ごしましょう」とあいさつをかわす。仕事の打ちあわせをする前には、「それでは素直な心で検討しあいましょう」とみんなで唱えてから話を始める。また、どういう話をする場合でも、「素直に考えたならば、こういうことになるのではないでしょうか」とか、「素直に見て、このように言えるでしょう」とかいうように、絶えず互いに素直ということを口に出しつつ話を進める。

こういうように、言ってみれば寝ても覚めても、いても立っても、日常のすべての会話、行動の中において、絶えず素直になるということを念頭におき、それを口に出して唱えるわけです。

『素直な心になるために』

3月9日　自己観照を心がける

自らの行動をいつも冷静に思い返してみる。心を外へ出して、外から内を眺めてみる。

例えば何かを夢中になってやっている時に、ハッとわれに返るというか、自分は何をやっていたのだろうと、冷静に思い返してみるというようなこともあると思うのです。それをいつも冷静にできるように心がけ、また実際にやっていくわけです。もちろん自分の心を内から外へ出し、そして外から内を眺めるというように心を去来させることは、本当はなかなか難しいと思います。しかしそれを心がけ、自ら訓練していくことによって、しだいにできるようになると思うのです。

要は、そういう自己観照《じこかんしょう》によって、自らのとらわれに気がつき、これを正していくということです。つまり正しく己《おのれ》をつかむことによって、自分本位に陥らず、物事を判断することができるようになると思うのです。したがって、この自己観照は、とらわれのない素直な心を生むことに通じますし、その素直な心をしだいに高めて、常にものの実相を正しくつかむことができるようにもなると思います。

したがって、自己観照とは、素直な心を養うための一つの実践であり、お互いに事にあたり時に応じてこの自己観照を心がけていきたいものだと思うのです。

『素直な心になるために』

3月10日　坂本龍馬のように

いつも先々を見て、研究を重ね、常に先を行く。

幕末の頃、土佐の檜垣清治《ひがきせいじ》という人が、その頃土佐で流行していた大刀を新調し、江戸から帰ってきた坂本龍馬《りょうま》に見せたところ、龍馬は、「きさまはまだそんなものを差しているのか。俺のを見ろ」と言って、やさしいつくりの刀を見せました。そして、「大砲や鉄砲の世の中に、そんな大刀は無用の長物だよ」と言いました。清治は「なるほど」と気がつきました。そこで、龍馬のと同様の刀をこしらえて、その次に帰ってきた時、見せました。すると龍馬は、「この間《あいだ》は、あの刀でたくさんだと言ったが、もう刀などは要らんよ」と言いながら、ピストルを取り出して見せたというのです。またその次に帰った時には、「今の時勢では、人間は武術だけではいけない。学問をしなければならない。古今の歴史を読みたまえ」と勧めたということです。さらにその次に会った時には、「面白いものがあるぞ。万国公法といって、文明国共通の法律だ。俺は今それを研究しているのだ」と語ったそうです。清治は、「そのように龍馬にはいつも先を越されて実に残念だった」と人に語ったといいますが、坂本龍馬という人はいつも先々を見ていたから、そういう姿も出てきたのではないかと思われます。

『素直な心になるために』

3月11日　働き方に創意工夫を

楽々と働いて、なお素晴らしい成果をあげる。そうした働き方をお互いにもっと工夫したい。

人より一時間、余計に働くことは尊い。努力である。勤勉である。だが、今までよりも一時間少なく働いて、今まで以上の成果をあげることも、また尊い。そこに人間の働き方の進歩があるのではなかろうか。

それは創意がなくてはできない。工夫がなくてはできない。働くことは尊いが、その働きに工夫がほしいのである。創意がほしいのである。額《ひたい》に汗することを称《たた》えるのもいいが、額に汗のない涼しい姿も称えるべきであろう。怠《なま》けろというのではない。楽をする工夫をしろというのである。楽々と働いて、なお素晴らしい成果があげられる働き方を、お互いにもっと工夫したいというのである。そこから社会の繁栄も生まれてくるであろう。

『道をひらく』

3月12日　360度の視野

視野を広くしてあらゆるものを取り入れ、それぞれの立場に生かしていくよう考える。

視野を狭くしてはいかん。あらゆるもの、あらゆる善悪を取り入れて、それをそれぞれの立場に生かしていくということが大事なことやないかと思うんです。それを、視野を狭くして、この視野に入るものだけが正しいんだ、この視野以外のものは正しくないんだという断定は、容認してはならないのやないかという感じがするんです。

一〇度の視野のものは賛成するけれども、その一〇度の外のものはみな排撃してしまう。そういうようなものの見方、そういうような考え方があっては大変だという感じがします。

よく寛容の精神をもって視野を広げるということを言いますが、寛容の精神で視野を広げるということではいかん。本質的に広げないといかんですね。三六〇度の視野をもって、その中にある一切のものがどうしたら生きるかというような考えをもつことが、本質的に広げることやと思います。

『松下幸之助発言集5』

3月13日　考えていけばこそ

いいと思うことは、どんどん提案する。考えていけば、いくらでも考えることはある。

皆さんはこの会社に入った以上は、もちろん上長《じょうちょう》なり先輩に対する礼儀、これはどこまでも必要ですが、社員としての責任感に立って、いいと思うことは、どんどん提案してもらいたいと思います。

考えていけば、一つの事柄について、いくらでも考えることがあると思います。考えなかったら、三十年たっても四十年たってもわからない、ということです。

『社員稼業』

常識から自分を解放し、ものを生み出すには、何より強い熱意が必要である。

1月 2月 3月 4月 5月 6月 7月 8月 9月 10月 11月 12月

常識というものはいわば先人の知恵の積み重ねですから、もちろん大事です。けれども、新しいものを生み出すためには、一度常識から自分を解放しなければならない。そのためには熱意が強く要請されるのです。

多くの知識を身につけた人ほど、それを超える強い熱意が必要だともいえますな。

『人生談義』

3月15日　発想の転換

180度見方を転換してみるところに、新たな気づき、新たな考えが生まれる。

最近よく〝発想の転換〟ということが言われるが、これは非常に大事なことだと思う。

発想の転換とは、ひらたく言えば、見方を変えるということだろう。今まで表の側から見ていたものを、一八〇度変えて裏のほうから見てみるというわけである。そのように一八〇度見方を転換してみると、今まで表から見ていたのではわからなかったいろいろな事象があることに気がつくだろう。反対にこれまで、裏のほうばかり見ていたのであれば、今度は表を見ることによって、そこに気づくものがあると思う。そういうものをもとにして、そこから新たな考えが生まれて、向上発展に結びついてくるということになる。

『経済談義』

微妙に動く心、人情というものをよく知り、相手の気持ちを考えてふるまいたい。

考えてみれば、人の心というものはまことに不思議なものです。〝人情の機微《きび》〟という言葉がありますが、ほんの些細《ささい》なことで、嬉《うれ》しくなったり、悲しくなったり、あるいは怒りを感じたり、また、大きくふくらんだり、しぼんでしまったり、微妙に動くのが人の心です。ですから、共同生活の中で気持ちよく生活していくためには、お互いこのことをよく知って、他人の気持ちを考えながらふるまうということが極めて大切なのではないでしょうか。

『人生心得帖』

3月17日　仕事においては皆が平等

会社をよりよくするという思いに立つ限り、本質的には社長も新入社員も平等ではないか。

新入社員だからといって、ただ一方的に教わるだけでいいかというと、私はそれではいけないと思うのです。新入社員は新入社員なりに先輩に教える、というと語弊《ごへい》があるかもしれませんが、日々の仕事の中で自分が気づいたことを、いろいろ提言していくようにしなくてはいけないと思います。

〝自分は新入社員でいちばん後輩だし、仕事についての知識も経験も少ない。だから、提言するなどおこがましい。先輩に言われた通りのことをやっていればいいのだ〟というのも一つの考え方です。しかし私は、こと仕事に関する限り、そういう遠慮は無用だと思います。会社をよりよくしていこうという思いに立つ限り、本質的には、社長も一新入社員も平等だ、そう考えるべきだと思うのです。

先輩社員は、経験も長く、その仕事についても熟知しているでしょう。けれども、そのためにかえって先入観にとらわれて、現状を当然と考え、改善すべき点に気がつかないという面があります。その点、新入社員はすべてを新鮮な目で見られますから、〝ここはこうしたらいいのではないか〟と感じることも少なくないと思います。それをどんどん提言してほしいと思うのです。

『社員心得帖』

あらゆる点で正しい価値判断ができる。そうした人々の集まりが繁栄を実現させる。

お互いの会社、商店が発展し、社会の公器としてさらに光彩《こうさい》を放つようになるためには、やはり社員の訓育といいますか、人間的な成長に、会社としてより一層の努力をすべきだと思います。そういう考えをもって努力している会社に入ってこそ、青年社員の将来というものが、非常に明るく輝くのではないでしょうか。

そして、会社はそういう人間的なものの考え方を基本として、社員に正しい商売人としての常識を培養《ばいよう》する努力をしていくことが大切です。ところが、そのためにはまず、商売人として、また社会人として、ものの正しい価値判断ができないようなことでは困ります。ですから会社においては、あらゆる点において正しい価値判断のできる人を養成しなければならないと思うのです。価値判断が適正ならば、自己判断もできます。自己判断のできない人は、価値判断もできません。ですから、そういうような人が集まっても、それは単なる烏合《うごう》の衆ということになります。

しかし、あらゆる面に、あらゆる場所に、そしてあらゆる時に、価値判断がある程度できるという、そういった人々の集まりなら、何ごとも極めてスムーズに運び、繁栄も平和も、これを得るのはそう難しいことではないと思うのです。

『商売心得帖』

3月19日　お金の値うち

汗水たらしてお金を得ると、その値うちを、人間は十分に生かそうとするものである。

予期せぬ収入というか、人からポンともらったようなお金だと、ついつい気軽に使ってしまって、気がついてみるといつのまにか雲散霧消《うんさんむしょう》。はて何に使ってしまったのだろう、といったことになりがちです。これではそのお金の値うちも十分に生きません。ところが反対に、同じお金でも自分が努力し苦労し汗水たらして得たお金だと、湯水を使うように容易《たやす》くは使えるものではありません。

こういうことは皆さんもよく経験されることだと思いますが、それは結局、人情のしからしむるところであって、昔も今も変わらない人間性の一面というものではないでしょうか。

そういうことから僕は、やはりお金というものは、自分で汗水たらして、自分の働きで得ることが大切だと思います。お互いにとっては、自分の額《ひたい》の汗がにじみ出ていないようなお金をもらってはならないし、借りてはならない、そういう考え方に立つことがやはり必要で、そうしてこそ、その人の生き方が堅実なものとなり、お金の値うちもそのままに生きてくるのです。

『PHP』昭和59年10月号

誤解を解こうとするのは当然のことだが、それを自らの反省の機会にもしてみたい。

誤解ということはよくあることだが、誰しも誤解されることを好むものではない。だから、それを解こうとするのは当然といえば当然だろう。

しかし、より大切なのは、誤解されたということについて自分自身反省してみることだと思う。というのは、本当に正しいことであれば、一部の人は誤解しても、より多くの人はそれを認めてくれる。それが世の中というものであろう。

そう考えれば、誤解されたからといって、必要以上に心をわずらわすよりも、これを自らの反省の機会としたほうがよいといえよう。

『思うまま』

失敗することを恐れるよりも、生活に工夫のないことを恐れたい。

とにかく考えてみること、工夫してみること、そしてやってみること。失敗すればやり直せばいい。やり直してダメなら、もう一度工夫し、もう一度やり直せばいい。同じことを同じままにいくらくり返しても、そこには何の進歩もない。先例におとなしく従うのもいいが、先例を破る新しい方法を工夫することのほうが大切である。やってみれば、そこに新しい工夫の道もつく。失敗することを恐れるよりも、生活に工夫のないことを恐れたほうがいい。

我々の祖先が、一つひとつ工夫を重ねてくれたおかげで、我々の今日《こんにち》の生活が生まれた。何げなしに見逃している暮らしの断片にも、尊い工夫の跡がある。茶わん一つ、ペン一本も、これをつくづくと眺めてみれば、何という素晴らしい工夫であろう。まさに無から有を生み出すほどの創造である。

お互いにもう一度考え直そう。昨日《きのう》と同じことを今日《きょう》はくり返すまい。どんな小さなことでもいい。どんなわずかなことでもいい。昨日と同じことを今日はくり返すまい。多くの人々の、このわずかな工夫の累積が、大きな繁栄を生み出すのである。

『道をひらく』

常に新しい目で物事を見、とらわれない心で新たな発想をしていく。

人間というものは、ともすれば一つの考えにとらわれがちである。特に過去の常識とか通念というものからなかなか離れられないものである。しかし、時代は刻々と移り変わっていく。昨日《きのう》、是《ぜ》とされたことが、今日《きょう》もそのまま通用するとは限らない。

だから、指導者は、過去の常識、固定観念、そのほか何ものにもとらわれることなく、常に新しい目で物事を見ていくように心がけなければならない。そして、そのとらわれない心で次々と新たな発想をしていくところに、進歩も発展もあるのだと思う。

『指導者の条件』

3月23日　海綿のごとく吸収する頭

頭にどんなことが入ってきても、詰まらせないだけの、すきまを空けておく。

学者とか技術者という人は、それが仕事だからどうしても一つのものに集中する。それはそれでいいんです。しかし、あわせて広くものを吸収するという柔軟な頭も必要なんです。あるものに集中するが、それにとらわれてしまってはいけない。集中するけれども、同時に頭を海綿《かいめん》のごとくしてやっていく。

人から非常にいい話を聞いた、非常に感銘《かんめい》した、その感銘したことで頭がいっぱいに詰まってしまうと、他にもっといいことを聞いても入らない。これではいけない。我々はどんなことが入っても、それを詰まらせたらいけない、まだすきまをおいておく。なんぼでも次々と、海綿のごとく吸収していくというような頭にならなければ、頑固《がんこ》オヤジになってしまう。頑固オヤジにならなくても〝頑固な人だな、あれは技術者だから頑固者だな〟と、こうなる。

これはいけない。技術者ほど、ものを吸収しなければいけない。技術者ほど、すべてのものを取り入れるということにやぶさかでない者はないいんだと、こういうような一面も私はあっていいと思うんですね。

『松下幸之助発言集28』

世の中のさまざまなものを本当に生かし切る。それができるのは私たち人間だけである。

自分で言うのもなんですが、少なくともよりよい製品をつくり出したいという思いにかけては、阪田三吉《さんきち》※に負けないほどの真剣さをもっていた。その製品を使われるお客様のためにはもちろん、それを汗水たらしてつくる従業員の努力に対しても、よりよい製品をつくり、それが立派に役立って生きるようにするのが責任者たる僕の務めだ、という意識をもっていた。そういうことではないかと思うのです。

将棋の駒や製品に限らず、一つのものを本当に生かし切るということはなかなか難しいことです。しかし、この世の中にあるさまざまなものを生かし活用することができるのは、私たち人間だけですし、そうしてこそお互いの生活の向上をはかることもできるわけです。今日《こんにち》、私たちが享受《きょうじゅ》している豊かで便利な生活も、先人の方々のものを生かそうとする熱心な努力によって、築かれてきたものにほかならないでしょう。そんなことを考えながらお互いの身のまわりを眺めてみる時、私たちは今日の豊かな生活に慣れてしまって、ものを本当に生かす努力を怠《おこた》り、多くのものを泣かしているのではないか、そんな気もするのです。

※1870〜1946。明治から昭和初期、勝負に生きた伝説の棋士。

『PHP』昭和59年4月号

3月25日　腕次第

1000個売れれば10万個も不可能ではない。あとは腕次第、やり方次第、熱意次第である。

商売においては、商品がたとえ五個でも売れれば、売り方によっては、さらに千個は売れると見てよい。千個売れれば十万個も決して不可能ではない。全く売れないのなら別であるが、五人でも買う人がいるということは、その商品が人々に受け入れられるということを示していると思う。人の考えることにそう大差はないからである。

あとは腕次第、やり方次第、熱意次第、そう考えればそれだけ商売が面白くなり、励みも出るのではないか。

『思うまま』

自らの行動を反省する。それは人間の一つの義務である。

人間である限り自省《じせい》がなければならない。つまり自省は、人間の一つの義務なのだともいえるのではなかろうか。

こうした自省については、言葉や形はいろいろ異なったとしても、その心がまえは、戦前のわが国ではことにやかましく言われていたように思う。僕の子供の頃には、家庭はもちろん学校でも商店でも会社でも、非常に厳しく躾《しつ》けられたし、世間一般の雰囲気の中に、自省をもって尊しとする風潮が強くあったと思うのである。

ところが、戦後は一般にどうもこの傾向が薄れたように思えてならない。いわゆる民主主義のはき違いとでもいうのだろうか、あまり自省ということを尊しとしないような風潮が広がっているように思えるのである。そしてそこから、いろいろな混乱がひき起こされている面があるように思うのである。

しかし、真の自省とは、主義とか思想以前の、いわば人間としてのいちばん大事で基本的な心がまえの一つなのであり、この基本に立ってこそ、はじめて〝われ何をなすべきか〟ということがわかってくるのではなかろうか。

『松風』昭和39年2月号

3月27日　発明のヒント

研究、発明をするためのヒントは、街頭に出て得ることもできる。

発明のヒントはむしろ素人《しろうと》にあるかもしれんですな。私も、よく研究部員に、「同僚とばかり話しおうてはいかん。街頭へ出ていってヒントを得てこい」と、こう言うとるんです。ヒントはどんなところにでもあるんですけれども、それをヒントと見るかどうか、ということですな。

『松下幸之助発言集13』

3月28日　自然の理にかなう姿

当たり前のことを当たり前に、ほどほどに行うのが、最も健全な姿である。

人間が健康を保つためには、まず栄養をとることが大切で、これが欠けたらいわゆる栄養失調に陥りますね。といって、これが過ぎると、これまたいわゆる栄養過多になって健康を損ねます。暑い時には服を脱ぎ、寒い時には重ねます。といって厚着に過ぎれば汗もかくし、苦しくもなります。要はほどほど、当たり前のことを当たり前に行えばよいわけで、これが自然の理《り》にかなった、最も健全にして健康な姿といえましょう。

自然の理といい、ほどほどといい、一見曖昧《あいまい》なようにも思えますが、この曖昧と思われる筋道を、身をもって極めていくところに本当の学問、人間の生きた学問があるのだと思います。科学が進んで、かえって人間の不幸が増え、知識が進んで、かえって悪事が増えるというのも、こうした生きた学問への謙虚さが足りないからだというべきでしょうか。わが社の発展にしても、自社の発展だけを考えて、周囲のおもむくところを忘れたら、お互いの足もとが崩れます。そこにはおのずから自然の理というか、中庸《ちゅうよう》というか、ほどほどというか、謙虚にそして楽々と歩む道があるわけです。

『日に新た』

3月29日　ものの言い方と人間関係

職場を明るくするのは人間関係であり、それはものの言い方一つで変わってしまう。

ものの言い方一つでも、受けるほうによっていろいろ感じ方が違う。どんな言い方をしても同じように感ずるのであれば、心配はないわけです。そのかわり大きな感動もないから、淡々としておるということになる。けれども、ものの言い方一つによって、受けるほうに非常に変化がある。刺激があったり、またそうでない場合があったりします。

そういうことを考えてみると、人を使う人とか、指導者として立つ人は、やはりそういうことを十分に念頭において、職場の雰囲気を明るくするために施設の充実をはかる必要もありましょう。しかし施設だけではとてもダメなんです。施設はその一部を補うということでありましょう。大部分はやはり施設以外の人間関係である。言葉のもっていき方であるとか、そういうことが大きいのです。

『松下幸之助発言集26』

3月30日　人生における成功の姿

予期できずにぶつかる多くの障害の中でも、自分の道を求め、自分の仕事を進めていく。

雷が鳴ったり、雨が降ったりというのは自然の現象であり、これはこれで毎日の生活に変化があって面白いと思うのだが、もしこれらの変化が規則的で、予期できればどうであろうかというようなことを、ふと考えてみた。

もしこれらの自然現象が規則的に起こって予期できるものだとすると、ある場合は非常に都合がよいが、またある場合には困ることも起こってくるのではないか。そして、いわゆる生活の味わいというか、面白さというようなものが減少するのではないか、と思うのである。

ところで、我々の人生の姿というものも、これと非常によく似たものではないだろうか。そこには予期できない多くの障害があり、しかもそれらの障害の中にありながら、我々は常に、自分の道を求め、自分の仕事を進めてゆかねばならない、というのが人生の姿ではないかという気がするのである。

人生における成功の姿というものは、常にこのような予期できない障害にぶつかりながらも、それらを乗り越えて、一定の自己コースを歩んでゆくことではないかと思う。

『なぜ』

3月31日　日に百転する

日に三転ではもう間に合わない。今日は、日に百転しなければならない。

今日《こんにち》は非常にテンポの速い時代で、昨日《きのう》やっていたことが、今日《きょう》はもう許されないとさえいえるような面も出てきました。三年一日《いちじつ》のごとくということはもう許されない。まして十年一日のごとくは許されないといえます。これはお互いの仕事の上においてもそうでしょうし、国の姿においてもそういえると思います。

「君子は日に三転す」という言葉もあります。「君子というものは、朝考えたことも昼になればもう変わってしまう。昼は朝考えたことと違ったことを考え、違ったことを言わなくてはならない。昼考えたものは、晩にまたさらに変わっている」。こういうことを二千数百年も昔に中国の賢人は教えているわけです。それだけ君子は進歩が速いということも意味しているのだろうと思います。

それで、二千数百年前の君子は日に三転ですが、今日《こんにち》の君子は日に三転ではもう間に合わなくて、今日は日に百転する、刻々に変化していくことをつかんでいかねばならないと思うのです。

『道は無限にある』

人生を創るための「金言」ノート（3年分）

3月の全日分を読了後、「①どの言葉・文章が心に強く響いたか」「②それはなぜか」「③今後の行動にどう生かすか」を自問自答して、毎年、簡潔にまとめてみましょう（書き込んだ日付も忘れずに）。その記録を時折読み直し、自らの成長の糧にしましょう。

年　月　日

年　月　日

年　月　日

4月

心を磨き上げる

4月1日　ハシゴを考える人

何としても二階に上がりたい。その熱意ある人が、ハシゴを考え出す。

私は今までたくさんの人に働いてもらっておりますが、なるほど偉い人、というとおかしいが、本当に間に合うという人は熱心です。熱意のある人です。

早く言えば、この二階に上がりたい、何とかして上がりたいという熱意のある人は、ハシゴを考えましょう。非常に熱意のある人は、どうしたら上がれるのか、ということでハシゴを考える。この二階に上がってみたいなあ、というくらいの人ではハシゴは考えられません。俺の唯一の目的は二階に上がることだ、という熱意のある人であればハシゴを考えると思います。

その人の才能が非常にすぐれているからハシゴを考える、という場合もありましょうけれども、そうではなく、あまり二階に上がりたくない、上がってもいいけれど、というのではハシゴを考えるところまでいきません。やってみたい、という熱意が問題です。仕事の上の熱意がなかったらお豆腐みたいなものです。人間は何といっても熱意です。皆さんが習った技術、知識というものも熱意があればぐんぐん生きてきます。

『社員稼業』

4月2日　みんなに愛される

愛されるような仕事をする。それができない人は必ず失敗する。

ビジネスマンとしてのいちばん大事な責任はどういうことかというご質問ですね。

まあ、簡単に言うと、みんなに愛されることですね。ビジネスマンはみんなに愛されないといかんですよ。あの人がやってはるのやったらいいな、物を買《こ》うてあげよう、と、こうならないといかんですよ。そうやるには、奉仕の精神がいちばん大事です。奉仕の精神がなかったら、あそこで買《こ》うてあげようという気が起こらない。

そうですから、ビジネスマンのいちばん大事な務めは愛されることである。愛されるような仕事をすることである。それができない人は、ビジネスマンに適さないです。必ず失敗する、と、こういうことです。

『松下幸之助発言集5』

4月3日　学ぶことは無限にある

会社や社会は、人生について教わる学校。その学校では、学ぶべきことが無限にある。

今年も多くの方々が学校を卒業して社会に出られたことでしょうな。会社に入れば、同僚や先輩と机を並べて仕事をする。その場合、ただ単に自分に与えられた仕事のみやっていればよいと考えて毎日を過ごしていたら、あまり楽しさを感じることもできないでしょうし、物事を見る視野も限られてしまうと思いますね。

僕は、会社というもの、あるいは社会というものは、人間なり人生について教わる学校だと考えてみたらどうかと思うのです。この学校にはいろいろな人間がいて、さまざまな人生模様がくり広げられている。学ばなければならないことは無限にある。そう考えれば、人生を学び人生を探求するために、何にでも進んで取り組もう、吸収していこう、そういう意欲も湧《わ》いて、日々楽しさも生まれてくるのではないでしょうか。

『人生談義』

4月4日　察知する

鳥が散って逃げるのを見て、そこにある危険を察知できるかどうか。

　一流の大将なり軍師は戦争をしても、大空を行く鳥の大群がばーっと散って逃げていくのを見て、何かそこに隠れている、そこに伏兵がいるんやなと察知できる。それで行ったらやられるから、そこをよけて通る。そういうことが、教えられずしてわかるくらいに頭が敏感に働かんとあかんわけや。

　それを、何にも考えずに行ったら、伏兵がおって、ばーっとやられてしまう。そんな大将やったらあかんわけや。戦《いくさ》に負けるわけや。鳥が飛んできたところが、乱れて飛び去った。何で乱れたんやろ、何か下にいるんや。もしかしたら刀や槍《やり》や鎧《よろい》を着た人間がうようよしとったから、びっくりしたのかもしれない。そやけど、ここからは見えないと。鳥のように上から飛んで見たら、そこに伏兵がいるということがわかる。

　そういうことが、戦争やなくして、我々の日常の生活、活動の上にもあるわけや。それを察知することができなければ失敗する。そういうことを心にとめておくことや。

『リーダーになる人に知っておいてほしいこと』

4月5日　自問自答する

困難に直面するたびに自問自答する。心を入れ替えて、懸命に立ち向かう。

今日《こんにち》、世界が発展し、それぞれの国が発展していくということを考えてみると、その国民が、その国家がより多くの命を懸けて仕事をする、それぞれの分野に、それぞれの仕事に命を懸けて取り組み、そこから自らの喜びを味わっているというような勤務体制、仕事体制をより多くもっている国が、私はいちばん発展していくと思うのです。そして、そのことがお互いの幸せに結びつくものだと思うのです。

それで私自身も、自分はこの仕事に命を懸けてやっているかどうかと、これまで困難な問題に出くわすたびに自問自答してきました。そうすると、非常に煩悶《はんもん》の多い時に感じることは、命を懸けるようなところがどうもなかったように思われるのです。だから煩悶が起こってきているように思われるのです。

つまり、「自分は困難に直面して、命を懸けて仕事をしていなかった。楽をしていこうと考えていた。そこにこの煩悶があるのだ」、こう感じたわけです。それで、心を入れ替えてその困難に向かっていきました。そうすると、そこに勇気が湧《わ》き、困難も困難とならず、新しい創意工夫も次々と起こってきたのです。そういう体験をたくさんもっています。

『道は無限にある』

4月6日　心の体験

目に見えない失敗や成功を心の中で反省し、それを、体験として積み重ねていく。

お互いが日々仕事をしている。その結果非常に成果をあげたとか、反対に失敗して事業が行きづまったというようなことも時にはあるだろう。それはもちろん大きな体験である。しかし、そうでなく、毎日の一つひとつの仕事の中に〝これはうまくいった〟とか〝これは行きすぎて失敗だった〟〝あれは失敗ではないが、もっといい方法があった〟というものがいろいろあると思う。そういうものを日々自ら反省し、味わってみることも体験になる。そうしてみれば、一つの成功の過程にも失敗があることもあろうし、反対に失敗の過程の中にも成功がある場合もあるだろう。そういうものを一つひとつ味わっていくならば、一見無事安定の姿にあっても、日々これ体験であり、それがすべて生きてくるといえるだろう。

いわばそれは心の体験とでもいうべきものである。形にあらわれた成功なり失敗の体験はもちろん貴重である。しかし〝これは行きすぎだったな〟〝あれはちょっとまずかったな〟というような目に見えない失敗や成功を心の中で反省し、体験として積み重ねていくことがより大事だと思う。

『経済談義』

4月7日　味わってわかる塩の辛さ

体験を通して、はじめてその本質をつかみ、理解できることが、世の中には少なくない。

よく「百聞は一見にしかず」といいます。あることやあるものについて、人から百回話を聞くよりも、一回そのものを実際に見たほうがよくわかるというほどの意味でしょう。確かにその通りだと思いますが、世の中にはいくらそのものを見たからといっても、その本質を簡単にはつかめないといった場合もあります。

例えば、塩を見れば、〝ああ、塩というのは白いもので、こんな感じのものなんだ〟ということはわかります。しかし、塩の辛《から》さといったものは、いくら頭で考えたり、目で見たりしてもわかるものではないでしょう。まず、自分でひと口なめてみる。頭で考えるのではなく、自ら味わってみてはじめて塩というものがわかる。そのように体験を通してはじめてものの本質をつかみ、理解することができるという場合が、世の中には少なくありません。いわば〝百聞百見は一験にしかず〟ということも、ある場合にはいえると思うのです。

『人生心得帖』

4月8日　心の通いあい

商売を通じてお客様と心が通いあう。そうして社会全体が潤いあるものになる。

昔の商売人は「お客様の家のほうには足を向けて寝ない」というほどの感謝の気持ちでお客に接したといわれる。そういうものがおのずとお客にも伝わり、そこにその店に対する〝ひいき〟の気持ちが生まれる。どこで買っても品物は一緒だけれど、何となくあそこで買わないと気がすまない、というようなことになって、両者の心が通いあい、ひいては社会全体が潤《うるお》いあるものになってくる。

そういったものが世の中が便利になり、あるいは会社の機構が大きくなっていくにつれ、いつとはなしに薄れてくるという面があるのではないだろうか。そして物を売りさえすれば、それで事足れりといったことになる。しかしそういうことでは、だんだん、人間と人間の心のつながりがなくなり、国民全体の情緒も薄れていってしまうだろう。

『経済談義』

1月
2月
3月
4月
5月
6月
7月
8月
9月
10月
11月
12月

4月9日　プロの自覚

月給をもらうということはプロである。お互いにプロとしての自覚があるかどうか。

プロとは、その道をわが職業としている専門家のことである。職業専門家とは、つまりその道において、一人前にメシが食えるということである。言い換えれば、いかなる職業であれ、その道において他人様《ひとさま》からお金をいただくということは、すでにプロになったということである。アマチュアではない。

芸能やスポーツにおいては、プロとアマとの区別は厳しい。真にプロに値するものでなければ、お客は容易《たやす》くお金を払ってはくれない。お客は慈善の心で払いはしないのである。だから、プロを志すことは容易でないし、プロを保持するための努力も並大抵ではない。

甘えてはいられない。学校を出て会社や官庁に入る。入れば月給がもらえる。月給をもらうということは、言い換えればその道において自立したということであり、つまりはプロの仲間入りをしたということである。もはやアマチュアではない。そうとすれば、芸能界やスポーツ界の人々と同じく、またプロとしての厳しい自覚と自己練磨が必要となってくるはずである。

お互いにプロとしての自覚があるかどうか。

『道をひらく』

人生も経営も、けじめのゆるみから崩れる。普段から躾を身につけておきたい。

朝起きて顔を洗ったら、まず仏前に座って手を合わす。たとえ線香の一本でもよい。これで朝のけじめがつく。夜寝る時も同じこと。夜は夜で、キチンとけじめをつけねばなるまい。別にかたちにとらわれる必要はないけれど、一日のけじめはこんな態度から生まれてくる。何ごとをするにも、けじめがいちばん大切で、けじめのない暮らしはだらしがない。暮らしがだらしなければ働けない。よい知恵も生まれないし、ものも失う。

商売も同じこと。経営も同じこと。けじめをつけない経営は、いつかはどこかで破綻《はたん》する。景気のよい時はまだよいが、不景気になればたちまち崩れる。立派な土手も蟻《あり》の穴から崩れるように、大きな商売も、ちょっとしたけじめのゆるみから崩れる。だから常日頃から、小さいことにもけじめをつけて、キチンとした心がけをもちたいもの。

そのためには何といっても躾《しつけ》が大事。平生《へいぜい》から、しっかりした躾を身につけておかねばならない。自分の身のためにも、世の中に迷惑をかけないためにも。

お互いに、躾を身につけて、けじめのある暮らしを営みたい。

『道をひらく』

物とともに心をつくり、心を売り、お金とともに心をいただく。

物が動いて、お金が動いて、それで一応の商売が成り立つというものですが、もう一つ根本的に大事なことは、物や金とともに、人の心もまたこれにのって、移り動いていかなければならないということです。

単に物をつくり、物を売り、そしてお金を得ているというだけなら、商売とはまことに索漠《さくばく》としたものになってしまいます。そうではないのです。物とあわせて心をつくり、物とともに心を売り、そしてお金とともに心をいただく、つまり物や金が通いあうだけでなく、お互いの心というものがその間《あいだ》に通いあうことが、極めて大切なのです。そこに、商売の真の味わいというものがあると思います。

お互いに厳しい商戦の日々を過ごしています。しかし、その厳しさに打ち負かされはしない。むしろその中に大きな生きがいと深い喜びを感じているのです。なぜなら、それは単なる売り買いでなく、懸命な奉仕の毎日であり、そこによき心が通いあっているからではないでしょうか。

大いに心を通いあわせましょう。

『販売のこころ』

4月12日　喜び、ありがたさ、感謝の念

喜びを知る。ありがたさを知る。いつも感謝の念を忘れない。

「君は少し憂鬱《ゆううつ》病にかかっているのと違うか※」と、こういう話です。私は、自分では憂鬱病にかかっているとは思いませんでしたけれども、さらに「それはなぜだろう。どうしたらよいのか」と聞いてみました。するとその人は、「その原因は、極めて簡単や。君は喜びを知らんのや。ありがたさを知らんのや。言い換えると感謝の念がないから、そういうような寂《さび》しさに陥るんや」と言われるのです。そして続けて、「もしそういう点をよく考えたら、この世の中というのは、非常に楽しいものだよ。どういう問題が起こっても決して心配は要らない。問題が起これば起こるほど、感謝の気持ちとともに、勇気が凜々《りんりん》として湧《わ》いてくるんだ」と、こういう答えが返ってきたのです。

私も静かに考えてみますと、確かにそういう点がありました。〝これは自分の見方が誤っていた。喜ぶべきことに対して憤慨してみたり、いろいろ煩悶《はんもん》して心身の働きを弱めていた〟と反省したわけです。そして自分の見方をもっと大きく広げなければいけない、自分の心を正しく立て直さなければいけないと考えたのでした。

『人間としての成功』

※体調を壊し、心労を覚え、悲観しがちになった際に相談した友人から言われたこと。

4月13日　すべてに感謝

身のまわりのすべてに感謝する。そうして、ともに栄え、ともに幸せに生きていく。

今日《こんにち》の社会では、私にしてもあなたにしても、どんなに一人で力んでみたところで、ただ一人の力で生きることは、全く不可能です。親、兄弟、先輩、同僚、後輩に助けられて毎日を送っていることはもちろん、見も知らぬ世界各地の人々とも、何らかのつながりをもって生きています。

人ばかりではありません。環境や物、そのほか身のまわりのすべてのおかげで生きています。自然の恵み、神仏の加護ということもあります。私やあなたをここにあらしめてくれた祖先があります。

ここに、それらに対する感謝の心が、人間として、当然のように生まれてこなければならないといえましょう。自分は誰の力も借りず、自分の力で生きている。誰の世話にもならず、したがって頭を下げることもない。こういう考え方をもつとしたら、その瞬間から、その人は荒涼殺伐《こうりょうさつばつ》とした争いの中に身を投じることになりましょう。すべてに感謝する心があってこそ、思いやりの心も生まれ、人の立場を尊重する行動もできる。ともに栄え、ともに幸せに生きようという道にも通じるのです。

『若さに贈る』

4月14日　叱られてこそ

指摘され、注意され、叱られてこそ、人にも会社にも進歩発展が生まれる。

どこの会社でも入社早々のサラリーマンであれば、電話一つ満足にかけられない、手紙一本十分に書けない、というのが実情だと思う。それでも上司なり先輩なりがその不十分な点を指摘し、注意を与えてくれるから、時には「うるさいな」と思いながらも、早くそうしたことを言われずにすむようになろうという気持ちになって、自分でも努力し、しだいに要領を覚えて、一人前の社員になっていくのである。

それを黙って放っておかれたら、慣れによる多少の上達はあっても、まあこんなことでいいだろうと自分を甘やかしてしまい、いつまでたってもそのままで終わってしまう。結局、注意もされない、叱られもしないというのでは進歩発展は生まれず、その人のためにも、ひいては会社なり社会のためにもならない、ということになる。

『その心意気やよし』

1月 2月 3月 4月 5月 6月 7月 8月 9月 10月 11月 12月

新たな創造を生み出す柔軟な心は、素直な心になるところから養われてくる。

お互い人間は、とかく現状に安んずるというか、現状をもって事足れりとするような傾向に陥りがちではないかと思われますが、時は刻々と流れ、日は移り変わっています。だから、人間も日に新たな時の流れに相応《あい》じた新しいものの考え方なり行き方といったものを次々に創造していくことが大切ではないかと思います。そうしてこそ、昨日《きのう》より今日《きょう》、今日よりも明日《あす》といった望ましい進歩向上の姿を生み出していくこともできるようになると思うのです。

けれども、そういう新しいものを創造していくということは、そう簡単なことではないでしょう。やはり、現状を固定したものと考えるのでなく、日に新たに変化していくものととらえるというような柔軟な心から、新たな創造が生まれてくるのではないかと思います。そしてそういう柔軟な心はどこから出てくるのかというと、それはやはり素直な心になるところから養われてくるのではないかと思うのです。素直な心になれば、現状にとらわれるということがなくなって、常に何が正しいか、何が望ましいかということがおのずと考えられ、それがスムーズに見極められていくようにもなるでしょう。

『素直な心になるために』

4月16日　謙虚さの上の確信

謙虚な心持ちの上に生まれる確信があれば、大体のことは成功に導ける。

必要なのは、謙虚な心持ちの上に生まれてくる確信なのです。謙虚さを失った確信は、これはもう確信とはいえず、慢心になってしまいます。現に、失敗した人々を見ると、往々にして謙虚さを欠き、自分の意見に固執するという傾向が見られるようです。それに対して、謙虚な心持ちの上に、だんだんと確信が出てくれば、それは立派な信念となって、大体のことは成功に導けるといっていいでしょう。

こういうことは、特に上に立つ人ほど心しなくてはならないと思います。下の人は仮に謙虚さを欠いても、上の人が「君は考え方が間違っているぞ。そんなことではダメじゃないか」と注意してくれるでしょう。それによって自分でも気がつき、改めることもできます。けれども、上の人になると、誰もなかなかそういうことを言ってくれません。ですから、自分で自分に言い聞かすといいますか、常に自分が謙虚であるかを自問自答していかなくてはならないわけです。

謙虚な心持ちでいれば、他人の偉さがわかります。そうすると、自分の部下はたいてい自分より偉いなという気持ちになります。部下がアカンと思っている間《あいだ》は、謙虚であるとはいえません。

『経営心得帖』

今やらねばいつできるという熱意。自分がやらねば誰がやるという執念。

「松下さん、六十、七十は鼻たれ小僧、男ざかりは百からですよ。だからわしもこれからですよ」。平櫛《ひらくし》さん※も僕も、常識的に見れば、隠居をしてもおかしくない年齢だったわけですが、こう言われる平櫛さんに僕は、まあずいぶん気持ちの若い方だなあと、驚きもし感心もしたのです。聞くところによるとこれは平櫛さんのいわば口癖で、この他にも「今やらねばいつできる、俺がやらねば誰がやる」というような言葉を好んでおられたそうです。ところがそれから数年後、平櫛さんが満百歳になられた時に、ふとしたことから、平櫛さんはむこう五十年分の木彫用の木材を庭に積んでおられるということを知りました。

お目にかかった時に、ずいぶん気持ちの若い人だということは感じていたものの、百歳を超えてなお五十年分の木彫用木材を積んで作品制作への意欲をもち続けておられるということからすると、「男ざかりは百歳から」と言われたのも、口先だけのことではない、やはり本当に自分の芸術を完成させるには、あと五十年間は木を彫り続けなければならないのだという執念ともいえる強い思い、熱意をもっておられるのだなということを改めて感じさせられたのでした。

『PHP』昭和59年3月号

※平櫛田中《でんちゅう》。1872〜1979。明治・大正・昭和期の木彫界の第一人者。

独立心を養う。お互いの自主独立の精神が、組織の盛衰を左右するカギとなる。

指導者はまず自ら自主独立の精神を養い、しっかりともたねばならない。それと同時に、人々にもその独立心を植えつけていかなくてはならない。いかに指導者一人が自主性をもっても、人々がいたずらにその指導者に依存していたのではいけない。

明治の先覚者《せんかくしゃ》福沢諭吉《ゆきち》は、「独立の気力なき者は国を思うこと深切《しんせつ》ならず」と喝《かっ》破《ぱ》している。独立心なき者が何千人、何万人集まったとて、それはしょせんいわゆる烏合《うごう》の衆にほかならない。国だけではない。会社でも社員に独立心がなければ、同じことである。

独立心の涵養《かんよう》こそ、その会社、その団体、その国家の盛衰を左右する重大なカギであることを指導者は知らなくてはならない。

『指導者の条件』

4月19日　大丈夫の精神

少々の困難に、何げなしに不平を言い、悲鳴をあげるのは、心弱き者の姿である。

もし世間から見て松下電器に悪い点があるならば、また社内的に見て改善せねばならん点があれば、我々は誠心誠意努力して、そして世間のためになるような立派な会社にしようじゃないかという心意気、気概が皆さんになくてはいかんと思うんですね。それがなければ、せっかくこうして集まっても、烏合《うごう》の衆みたいなもんですね、早く言えば。何にも力にならない。そうやなくして、入った以上は松下電器と運命をともにするんだ、会社と運命をともにするんだ、会社は自分たちのものだ、こういうような心意気になれば、皆さんも落ち着いて仕事ができるし、少々の困難に遭っても悲鳴をあげるということもないと思うんです。

けれども、ちょっと辛《つら》いと悲鳴をあげて、これはかなわんなというて、不平を訴える。不平を訴えることも、ある場合には必要である。けれども、何げなしに不平を言うのであったらいけない。それは心弱き者の姿である。大丈夫の精神、信念をもっている人間は少々困難やからというて悲鳴をあげたりはしない。しからばどうしたらよくなるかということに、終始、誠心誠意をもってぶつかっていくようにすれば、世の中というのは、まあ少々の困難はあっても打開されていく。

『松下幸之助発言集32』

4月20日　心身の鍛錬

暮らしが豊かになればなるほど、心身ともに厳しい鍛錬が必要になってくる。

国でも、企業でも、また家庭でも、物が豊かになればなるほど一面に厳しいものが大事である。もし生活が豊かでなかったら、生活そのものに厳しさがある。おなかがすいても腹いっぱい食べられない場合もあろうし、疲れていても体にむち打って働かなければならない。冬の朝、氷を踏んででも物を売りに行ったりしなければならないのである。

けれども暮らしが豊かになってくれば、そういう必要はなくなる。ほしいものは買うことができるし、無理に働かなくても食べていける。そうなれば、自然に心身が鍛えられるというわけにはいかない。いきおい心身がなまってきて、厳しさに耐えられなくなってくる。

したがって、暮らしが豊かになればなるほど、一方で厳しい鍛錬《たんれん》が必要になってくる。つまり、貧しい家庭なら、生活そのものによって鍛えられるから、親に厳しさがなくても、いたわりだけで十分子供は育つ。けれども豊かになった段階においては、精神的に非常に厳しいものを与えなければいけない。そのどちらかでなければいけないと思うのである。

『若い君たちに伝えたい』

4月21日　けしからん

君は社会にとって尊い存在である。その存在をもっと生かさないようでは困る。

皆さんは生きがいというものをどのようにおもちになっておられるか、それぞれおもちになっておられるということを前提として、私はお話をするのですが……。そういうものすらもおもちになっておられないということであれば、これはもうお話にならないと思います。

「自分は今、こういう会社で、こういう仕事をしているのだ」「なぜ、そういう仕事をしているのですか」「何となしに、他の仕事ができないからこれをしているのだ」、こんなことを言う人が仮にあるとすれば、けしからんな、という感じがするのです。

それは、「君自身のためにけしからんではないか。また社会のためにもけしからんではないか。君一人というものは、社会にとって尊いものだ。その尊い君自身を、もっと生かさないようでは困る」ということが言えると思います。お互いにそういうことが言いあえると思うのです。

『社員稼業』

いかなる指導者の下でも修養はできる。自己の心のもちよう次第である。

諸君は、本所※の都合上いつどこへ転勤を命ぜられるかもしれぬが、本所においては、本支店、工場、どこでもその指導精神は同一であり、いかなる仕事も本所のためであり、同時に諸君自身の修養でもあることをよく考えねばならない。しかるに、この頃転勤した人の中に、どうしてもあそこでは仕事がきつすぎる、あの仕事は自分の性分に合わない、またあの主任の下ではどうも働きがいがないように思うと、不足をもらす人があると聞いた。これはただ自己を中心として物事を考える弊《へい》で、どこで何の仕事をするも松下の仕事であり、かつまた自己の修養であることを考えない気ままのあらわれである。

適材適所はもとより理想であるが、真に自己の適所を見出《みいだ》すことはなかなか困難なことであり、それまでにはいろいろな経験を積まねばならぬ。いかなる指導者の下にあっても、自己の心のもちようで修養はできるものであり、性格、意見の異なった指導者の下にあってこそ、かえってよりよく修養が得られるものであることを深く考えなければならない。

『松下幸之助発言集29』

※この講話がなされた昭和8年当時の社名は松下電器製作所だった。

4月23日　仕事と疲労

仕事をして疲れるどころか、疲れが休まるという境地を味わいたい。

スポーツの選手は、非常に激しい練習や試合をしても、疲れよりもかえって爽快《そうかい》さを感じるという。仕事でもそれと同じことで、本当にそれに打ちこんでいたら、疲労を覚えるということも少ないと思う。見方によっては、仕事をして疲れるというのでは、まだ十分ではないといえる。

難しいことではあろうが、仕事をするとかえって疲れが休まるというような境地を多少とも味わえるようになれば、これは本物であろう。

『思うまま』

4月24日　仕事はジャズ気分で

ジャズとスポーツ的な気分で仕事をしたい。愉快に楽しく喜び勇んで活躍していきたい。

諸君にお願いすることは、時勢に対してしっかりした考え方をもっていただきたい、そして各自生産人としての責務を自覚し、これが遂行に邁進《まいしん》願いたいということである。しかもこれが遂行にあたって、苦しみつつなすのでは決して面白くない。同じ人生の過程なら愉快に楽しく喜び勇んで、活躍していただきたいのである。仕事はジャズとスポーツ的な気分においてなされていくのが理想であると、私は信じているのである。仕事を遂行するのに犠牲があってはならない、働くことを楽しみつつ、希望に満ち満ちて欣喜《きんき》雀躍《じゃくやく》の中に成果をあげていくべきものと考える。

諸君もどうか私と同様に考えていただきたい。もちろん、生活の周辺を見ると悩みのタネばかりであろうが、楽しく見、楽しく考えるように努めていただきたい。さすれば、楽しく人生が過ごせることと思う。

『松下幸之助発言集22』

4月25日　些細な心配りが大事

日頃の応対や電話の扱いはどうか。臨機応変の処置がとれているか。

私は以前、ある会社に用事があって電話をかけました。すると、電話に出てきた人が、「社長は今、遠方に出張中で、二、三日は帰りません」という返事です。それでは仕方がないなと思って電話を切りかけると、その人が「ちょっと待ってください。何か緊急のご用でしたら、連絡をいたしましょうか」と言います。「簡単に連絡できますか」「ええ、大丈夫です」「それなら、今晩にでも電話をいただけるよう伝言してください」。その結果、ちゃんとその夜に長距離電話がかかってきて、思ったよりも早くその用件をすませることができました。もし私が電話をした時、先方の人が「連絡しましょうか」とひと言言ってくれなかったら、そううまく事の処理はできなかったと思います。

これは、一見、ごく些細《ささい》な、何でもないようなことです。しかし私は、こういうことが、さっとできるということは、非常に大事な点だと思います。というのは、おそらくその会社では、社長さんが日頃、人との応対、電話の扱いについて、やかましく言っておられるのでしょう。だからこそ、留守を預かる人も、それにふさわしい心配りというか、臨機応変の処置がとれたのではないかと思います。

『社員心得帖』

4月26日　心は遊ばせない

指導者は、体は休息させてもいいが、心まで休ませ、遊ばせてはいけない。

指導者といえども、四六時中仕事をしていなくてはならないということではない。それではとても体がもたない。だから時に休息したり、あるいはレジャーを楽しむということもあっていいと思う。ゴルフをするなり、温泉に行くのもそれなりに結構である。しかし、そのように体は休息させたり、遊ばせたりしていてもいいが、心まで休ませ、遊んでいるということであってはならない。

たとえ温泉につかっていても、心のほうは、政治家であるなら政治のことを、経営者であるなら経営のことを、どこかしらで考えているということが大切だと思う。そうであれば、アルキメデスのごとく、お湯のあふれるさまからも何かヒントを得ることにもなってこよう。

全く遊びのうちに心を許してしまうというような人は、厳しいようだが、指導者としては失格だと思う。

『指導者の条件』

4月27日　にじみ出る誠心誠意

結局は、お互いの誠心誠意である。話す言葉ににじみ出る気持ちである。

皆さんはワイシャツ一枚買うのにも、大体において買いつけの店が心にあると思うのです。とりたてて理由はないのですが、そのことには立派な裏づけがあります。つまり、客である自分に満足を与えてくれているという感じが、好みの店を決めているのです。

そういうことを考えてみますと、販売というものを成功させるためには、いかにすればお得意様に喜んでいただけ、どういう接し方をすればご満足願えるか、ということを考えることが何よりも大切だと思います。ですから、妙案奇策のあまりない販売の世界の中で特色を発揮するために、何が基本になるかというと、結局はお互いの誠心誠意です。そして話す言葉ににじみ出る気持ちが、何よりも大切だと思うのです。

『商売心得帖』

対価以上のものは受け取らない、そうきっぱりと言い切ることができるか。

まだ自動車はなく、大阪駅の前には、ずらりと人力車が並んでいた頃のことであった。

ある日、そこへ一人の客が来て、「船場《せんば》の××《どこどこ》まで行ってくれ」と言って車に乗りこんできた。車夫は二十四、五歳の若い人であったということだが、早速梶棒《かじぼう》を取り上げて走り出した。目的地まで走って、客が降りる段になると、その客は十五銭の代金のところを二十銭渡して、さっさと行きかける。車夫は、「ちょっと待ってください。今おつりをさしあげますから」と言って、客の着物の袂《たもと》をつかんだ。すると客は、「いや、祝儀《しゅうぎ》のつもりや、とっておいてくれ」と言って受け取らない。そこで押し問答となった。しばらく問答が続いたが、ややあって、急にその車夫は、襟《えり》を正すとでもいうか、粛然《しゅくぜん》とした姿となって、「いや、要りません。このおつりは持って帰ってください」ときっぱりと言い切った。その態度に押されてか、そのお客さんは五銭のおつりを受け取って帰っていったそうである。

そして後日、その車夫は大変成功したということであった。私はこの話を耳にした時、痛く心を打たれたのである。その車夫は偉いと思った。

『なぜ』

4月29日　武士と産業人

武士道精神と同様に産業人精神がある。その使命を認識せずに産業人とはいえない。

時々武士がよくないことをすると、武士の風上《かざかみ》にもおけないやつだといって非難されたわけでしょう。やはりそういう立派なものをもたなければ、武士といえなかったわけです。私は昔の武士道精神というものは、そういうものだったのではないかと思います。

そこでその武士道精神にかわる、今日《こんにち》の産業人精神というものはどういうものかというと、内容は多少違いましょうが、やはりそれと同じようなものをもたずしては産業人とはいえないと思うのです。ただ自分の立場のみを考えて働くというようなことでは、私はやはり産業人とはいえないのではないかと思います。産業の使命というものをはっきりと認識し、その尊さを認識し、そしてその産業の興隆によって社会が潤《うるお》い、人々の幸福も約束されていく、社会生活も国家も発展していく、さらに進んでは世界の繁栄、平和にも結びついていくのだ、自分はその一員である、というような意識をもたずしては、私は真の産業人は養成されないという感じがするのです。

『道は無限にある』

ピューと吹く風の音にでも悟る人がいる。話のよしあしは聞く側の態度次第ではないか。

全く同じ話を聞いても、〝いい話だった〟と感動する人と〝つまらない話だった〟と思う人がいますね。ということは、話のよしあしは、その内容より、むしろ聞く側の態度によって決まってくる。聞く側に大部分の責任があるともいえるわけです。ピューという風の音にでも悟る人がいるのですから……。

『人生談義』

人生を創るための「金言」ノート（3年分）

4月の全日分を読了後、「①どの言葉・文章が心に強く響いたか」
「②それはなぜか」「③今後の行動にどう生かすか」を自問自答して、
毎年、簡潔にまとめてみましょう（書き込んだ日付も忘れずに）。
その記録を時折読み直し、自らの成長の糧にしましょう。

年　月　日

年　月　日

年　月　日

5月

仕事に徹する

5月1日　夢に見るほどに愛する

いろいろな工夫、努力をして、自分の仕事を、夢に見るぐらい愛するようになりたい。

例えば、会社から与えられた仕事をかえてほしいと思っているのに、上司から、「これは君にとって将来必ず生きてくるのだから、少なくとも一年間はやってみたまえ」というように言い聞かされることもあると思います。その時には、会社も何らかの配慮をもって仕事を与えているのだからと、そのことをよく考えて素直に理解し、なるほどそういうものかと自分なりに納得して、一年間それにあたっていくことが大切だと思うのです。

そうしてその上で、いろいろ工夫して興味が湧《わ》くように考えていけば、それでもどうしても性《しょう》に合わないということもあるかもしれませんが、ほとんどの場合は、そうした工夫、努力の中から、仕事に対する興味というものは生まれてくるものだと思います。

おそらく多くの方が、日頃からそういう心がまえで仕事をしておられることと思いますが、それでも時には、自分はどの程度力強くそういう努力をしているか、改めて自問自答してみることが必要でしょう。そしてついには自分の仕事を夢に見るほどに愛する、というような心境にまでなりたいものだと思います。

『社員心得帖』

その時々の状況に応じた生きがいを感じつつ、誠実に精一杯働いていきたいものである。

二十二歳の時に独立し、ごくささやかながら、電気器具製造の事業を興しました。事業を始めた当初は無我夢中で、その日その日を誠実に精一杯働きました。そうした中で、夏の日に夜遅く仕事を終えてタライにお湯を入れ行水《ぎょうずい》をつかいながら、〝我ながら、本当に今日《きょう》はよく働いたな〟と自分で自分をほめたいような充実感を味わったことを今でも覚えています。

また、会社が大きくなってからは、会社の仕事を通じて人々の文化生活を高め、社会の発展に寄与、貢献していくことを使命とし、それを社員の人とともに達成していくところに自分の生きがいを感じつつやってきました。

このように私の生きがいというものは、決して終始一貫して同じだったというわけではなく、その時々でいろいろ変わってきました。しかし、私はそれはそれでよかったのではないかと考えています。

『人生心得帖』

5月3日　成功への第一関門

自分の会社のことをどう報告しているか。力強い言葉で親や家族を安心させているか。

初めて会社に出勤したその日には、式典があったり、社長や幹部の訓辞があったりするでしょう。また会社の内容や勤務についての説明もあると思います。それを聞いて家に帰ると、ご両親や家族がたいてい「会社の感じはどうだった」と尋ねるでしょう。その時に、どう報告するかが極めて大切だと思うのです。

「あんまり感心しない会社だ」などと言えば、ご両親は非常に心配します。「まだよくわからない」と言っても、やはり心配が残るでしょう。「詳しいことはわからないけれども、今日《きょう》、社長や幹部の人からいろいろ話を聞いてみると、自分は何となくいい会社のように思う。満足して働くことができそうだ。だからここで、大いに仕事をしてみたい」と力強い言葉で報告したら、ご両親も「それは結構だ。大いにやりなさい」と喜びもし、安心もすると思います。そういう報告ができるかどうか、それが成功へのまず第一の関門です。

何でもないことのようですが、そういうことが言えない人は、私は成功しにくいと思います。

『社員心得帖』

需要家に、納品後も声をかける。奉仕をして、喜ばれ、頼りにされる。

商売をしている限り、いつの時代でもサービスということが大事ですが、特にこれからは専門家でないとわからないという製品も出てきますから、一層サービスが大事になってくると思うのです。

実際、よく発展されるお店では、売ることについてはもちろんですが、それ以上にサービスということに心を配っておられる。特に不足や故障のない時のサービスということが大事です。

だんだん暑くなってきて、扇風機がそろそろ要るようになる。そんな時、ちょっと立ち寄って、「去年の扇風機の調子はどうですか」と声をかける。また「お納めした品物の具合はどうでしょう」と聞いてみる。まあいわば〝声のサービス〟です。

これは全くの奉仕です。それによって、すぐにどうこうというものではないでしょうが、ご需要家にしてみたらどんなに嬉《うれ》しく、また頼りに思われることでしょう。こういうところに、商売をする者の真の喜びを感じ、また尊さというものを自覚しなければならないと思うのです。

『商売心得帖』

5月5日　自分の職場が道場

自得するには道場が必要である。職場がその道場である。

自得していくには、そのための場所というか、道場とでもいうものが必要である。例えば、水泳やスキーを自得しようと思えば、水泳ならば海や川やプールが、スキーならばスキー場というものがなかったら、いくら自得せよといっても無理である。仕事でも同じことで、これを自得しようと思えば、まず道場を求めなくてはならないのである。

ところが幸いなことに、その道場はすでに与えられているのである。すなわち、自分の職場、自分の会社がそれである。つまり求めずして先に道場が与えられているのだから、こんなありがたいことはない。あとはその道場で進んで修業しよう、仕事を自得していこうという気になるかどうかということである。

しかも、普通であれば道場に通うとなると、こちらから月謝を払わなくてはならないはずである。ところが会社という道場では、逆に給料までくれるというのだから、こんな具合のよい話はないではないか。場合によれば、自分はこの道場で修業をさせてもらっているのだから給料などとはとんでもない、こちらから月謝を払います、というようなことがあってもいいぐらいである。

『その心意気やよし』

瞬間に立派なものを考案し、瞬間に製造ができてこそ、達人といえる。

ごく卑近《ひきん》な例ですが、筆で文字を書くという場合、習い始めたばかりの初心者は、長い時間かけていろいろ苦心しても、なかなかいい字が書けません。しかし、書道の達人ともなれば、白紙の上に瞬時にして、人が称賛するような字が書けます。そこには、極めて大きな力の相違があるわけです。

私たちが仕事の上で、いろいろとものを考案し、生産し、販売するにあたっても、同じことがいえると思います。瞬間に立派なものを考案し、瞬間に製造ができるということは、その道の達人になってはじめてできることです。できることはできるけれども、そのために十日も二十日もかかるというようなことは、ものによってはそういう場合もあるでしょうが、決してほめられることではない。それは、結局、未熟であることを示すものだと思います。

『社員心得帖』

5月7日　話し上手と聞き上手

話し上手も大事だが、聞き上手はさらに処世の上に大事なものである。

聞き上手《じょうず》ということは、皆さんが今後お始めになるお仕事の上に非常に大事なことであると思います。話し上手も非常に大事である。しかし話し上手よりも聞き上手のほうがさらに大したものだということを、昔の人々が言うております。

静かに考えてみますと、私も本当にそうだという感じがいたします。他人《ひと》さんがいろいろな話をされる、それを心をこめて、なるほどそうですかというようによく聞いてあげる。すると、話し相手は話しがいがあって面白い。ますます熱を入れて話をする。そのうちには非常にいい話がとび出すものであります。そのいい話をキャッチしていくところに、聞き上手のプラスがあると思うんです。

話し上手も大事である。けれども、話し上手は自分のもっておるものを相手に与えるだけである。相手から吸収するものがないことを考えてみますと、話し上手もなるほど結構でありますが、しかし聞き上手はさらに処世の上に大事なものであるという昔の人々の教えは、非常に味わってみる必要があろうかと思うんであります。

『松下幸之助発言集11』

5月8日　是なることは一刻も早く

瞬間を争う大事な事柄は、一刻も早く、上の人に報告すべきである。

今日《こんにち》、各業界、各企業の間《あいだ》における競争というものは、非常に激烈なものがある。そうした時代にあって、瞬間を争う大事な事柄を報告するいわば非常の場合に、何としてもまず直接の上司に言わねばならないんだとか、やはり組織を通じて処理しなければ叱られるんだとか言っていたのでは、競争に負けてしまうというようなことにもなろう。

だから、ここで皆さんに強く望みたいことは、〝是《ぜ》なることは一刻も早く上の人に知らせる〟ということである。

『その心意気やよし』

1月 2月 3月 4月 5月 6月 7月 8月 9月 10月 11月 12月

5月9日　時に応じた言い方

ある時は簡単明瞭に、ある時は丁寧に、受け入れてもらいやすい言い方をしたい。

人はさまざまです。短気な人もいれば気の長い人もいる、緻密《ちみつ》な人もいればおおざっぱな人もいる、理論派もいれば人情家もいる、というように、それぞれの持ち味が皆異なります。しかも、それだけではありません。同じ人でもその心というものは刻々に動いていて、いわば千変万化《せんぺんばんか》の様相を呈しています。

ですから、同じことを言っても、ある人は反発し、ある人は喜んで聞いてくれるといったことがあるでしょうし、同じ人でもその時の心の状態のいかんによって、受け取り方はさまざまに変わってくると思うのです。ですから、自分の考えを伝えようとすれば相手の人がどのような人で、今どのような心の状態にあるのかをよく知った上で、ある時には簡単明瞭に、ある時は言葉を費やして丁寧《ていねい》に、その人にいちばん受け入れてもらいやすいような言い方を工夫する必要があると思います。

こういうと、そんな面倒なことができるか、という声が聞こえてきそうです。確かにこれは難しいことだと思います。しかし、誰かに自分の考えを伝えたい時、常にこのことを考える癖をつけていくことが必要で、そこに一プラス一が三にも四にもなるという人間関係の妙味《みょうみ》も生まれてくると思うのです。

『人生談義』

5月10日　どこで愚痴を言うか

愚痴や不平は、社外で言うものではない。社内で言い、社長に言うべきものである。

とにかく、今日《きょう》からこの会社に入った以上、もうしようがないのです。だから、これは悪縁か良縁かわからないけれども、とにかく縁あって結ばれたのですから、よそへ行って愚痴《ぐち》を言わずに、うちで愚痴を言ってください。よそへ行った時、「松下電器はいいところだ」と言ってもらいたい。気に入らない時はうちで言ってもらいたい。それだけを考えていたら間違いないのです。この一事さえ知っていたら、皆さんは立派な社員であり、社会人です。不平はよそで言わずに社内で言う。社長に言う。よそへ行ったら、「私の会社は非常に努力させてもらいます。悪いところもあるかもしれないけれども、皆がんばってお役に立つような仕事をしようと言っております。一所懸命やらせてもらうよう申しあわせております」というように言ってください。

『社員稼業』

5月11日　仕事の小石は崩れない

平凡な仕事もおろそかにしない心がけ。その積み重ねが、崩れぬ信頼感を生み出す。

人から何かを命ぜられる。その命ぜられたことをその通りにキチンとやる。そこまではよいけれど、そのやった結果を、命じた人にキチンと報告するかどうか。

命ぜられた通りにやって、その通りうまくいったのだから、もうそれでよいと考える人。いやたとえ命《めい》のままにやったとしても、その結果は一応キチンと報告しなければならない、そうしたら命じた人は安心するだろうと考える人。その何でもない心がけ、ちょっとした心の配り方の違いから、両者の間《あいだ》に、信頼感に対する大きな開きができてくる。

仕事には知恵も大事、才能も大事。しかし、もっと大事なことは、些細《ささい》と思われること、平凡と思われることも、おろそかにしない心がけである。難しいことはできても、平凡なことはできないというのは、本当の仕事をする姿ではない。

些細なこと、平凡なこと、それを積み重ね積み重ねきて、その上に自分の知恵と体験とを加えてゆく。それではじめて、危なげのない信頼感が得られるというものであろう。

賽《さい》の河原の小石は崩れても、仕事の小石は崩れない。

『道をひらく』

磁石の力が鉄を引きつけるように、誠実な熱意は思わぬ加勢を引き寄せる。

お互いの仕事でも何でも、それに臨む心がまえとして大事なことはいろいろありましょうが、いちばん肝心なのは、やはり誠意あふれる熱意だと思います。知識も大事、才能も大事であるには違いありませんが、それらは、なければどうしても仕事ができないというものではありません。たとえ知識が乏しく才能が十分でなくても、何とかしてこの仕事をやり遂げよう、何としてでもこの仕事をやり遂げたい、そういう誠実な熱意にあふれていたならば、そこから必ずいい仕事が生まれてきます。その人自身の手によって直接できなくても、その人の誠実な熱意が目に見えない力となって、自然に周囲の人を引きつけます。目には見えない磁石の力が、自然に鉄を引きつけるように、誠実な熱意は、思わぬ加勢を引き寄せ、事が成就《じょうじゅ》するということが多いと思うのです。

『縁、この不思議なるもの』

5月13日　生きた教科書

先輩の言動は、いわば生きた教科書。どう活用するかは各人の心がけで決まる。

学窓から実社会に出て、新しい職場に入った人たちは、昨日《きのう》まではそれぞれの学校において、その人の天性に適したように教え導かれていたわけである。しかし実社会の職場では、いちいち学校のようには手を取っては教えない。教え方は違っていても、実際はそれと同じことをやっているのである。というのは、会社では、先輩社員が仕事をしている、それに従って仕事をすればいいのである。つまり先輩の言動が生きた教科書となるのである。その教科書をいかに読み、いかに活用するかは、それぞれの人の心がけで決まることである。

私が独立して商売を始めた当時は、従業員も非常に少なかった。小さな工場だから私が電話をかけると、店員はそばで聞いている。若い店員にはそれが常に頭にあるから、自分で電話をする時には、何となく同じようなかけ方をする。するとしだいに、私のところの店員の電話のかけ方が統一され、一つの型が生まれてくる。あの店の電話のかけ方はうまいとか、行き届いているとか世間の人が評価してくれる。それは私が教えたわけではない。教えずしても習ったわけである。

『物の見方 考え方』

コツを体得してこそ、一人前になれる。そう思えば、そのための苦労は希望に変わる。

拭《ふ》き掃除一つにしても、真をうがつというようなところにきますと、雑巾《ぞうきん》の絞り方いかんというものが非常に問題であり、それによっていい掃除ができるかどうかが決まってくるのです。それがもっと複雑な仕事になれば、雑巾の水の絞り方いかんということ以上に、難しいコツというものがあろうかと思います。科学的な学理というか、理論というか、そういうものを本当に生かすためには、それを基盤とした一つのコツというものを体得しなくてはならないのではないかと思うのです。

そのコツを体得するということは、決して楽なわざではないと思います。相当精《せい》魂《こん》をこめなければならないと思うのです。それはやはり一つの苦労だと考えられます。しかし苦労であっても、それをやらなければ一人前になれないのだということを、青少年の頃から常に先輩に聞かされていますと、それは苦痛でなくなってくるのです。それは希望に変わるのです。ですから、そのコツを体得することに対して精魂を傾けるということができてくると思います。

『社員稼業』

5月15日　信仰三昧の境地

仕事に打ちこむと、客に自然に手を合わせ、拝むというほどの心境になってくる。

いわゆる信仰三昧《ざんまい》というほどに仕事に打ちこむ。来るお客さんは、皆神様であり仏様で、だから自然に、手を合わせて拝むというほどの心境になってお客さんを大事にする。そうすればそこには非常に大きな喜びが感じられるでしょうし、また、そのように大事にされて腹をたてるお客さんはありません。したがって、結果として商売が繁盛するということにもなるでしょう。

『縁、この不思議なるもの』

仕事は念入りに、しかも早くというのが、真のサービスになるのではないか。

ある時、店員さん※が、「商売というものは、やはりサービスが大切ですから、特に念入りにやりましょう」と、丁寧《ていねい》にやってくれたのです。それで、終わってから時計を見ると、いつもは一時間なのに、一時間十分かかっていました。

そこで僕は、こう言いました。

「あなたがサービスに努めてくれたのは大変にありがたい。けれども、念入りにやるからといって十分間余計に時間がかかるのでは、本当のサービスにはならんのではないですか。もしあなたが、念入りに、しかも時間は五十分でやるということであれば、これは立派なサービスだと思いますがね」

僕は、スピードの尊ばれる現代においては、いかに念入りにとはいっても、時間が余計にかかるのではなく、念入りに、しかも早くというところにこそ、真のサービスがあるのではないか、そう思いましたので、そんなことをお話ししたのですが、それからしばらくして、再びその店員さんにお世話になった時には、ハサミさばきも鮮やかに、五十分で立派に仕上げてくれました。

『縁、この不思議なるもの』

※東京銀座で米倉近《ちかし》氏が営んでいた理髪店の店員。

5月17日　実情に通じた臨床家

実地の体験を積んだ臨床家は、現場の実情に通じた一人前の仕事ができる。

お互いの経営や商売というものは、医学にたとえれば、基礎医学ではなく臨床医学にあたると思うのです。その意味では、これにあたる者は皆、実地の体験を積んだ臨床家でなくてはならないと思います。

ですから、仮に販売の計画を立てる人が、自分自身、販売の体験ももたずして、知識、才能だけに頼っていわゆる机上《きじょう》のプランをつくっても、それは生きたものとはならず、失敗する場合が多いのではないでしょうか。あるいは、実際に物を製造することを経験していない技術者の人が、開発の仕事にあたり設計に従事したとして、それではたしていい製品ができるでしょうか。私はできないと思います。

やはり、臨床の仕事をしていく以上、実地の体験から入らなくては一人前の仕事はできにくいと思うのです。もし二年なり三年なり、販売店さんや問屋さんのお手伝いに行き、その店の店員になりきって雑巾《ぞうきん》がけから始めてみっちり勉強、修業をしたというような人が営業の仕事をしたらどうでしょう。これは、その人は販売第一線の実情に十分通じているわけですから、仮に机上で立てた計画でも、それはほぼ実態に即した間違いのないものができると思うのです。

『経営心得帖』

5月18日　仕事と人格

人格的な欠点にだけ気をとられていないか。仕事と人格はあくまで別物である。

君は、今の上司は仕事はできるが、人格的に欠点が多いので立派な人にかえてくれと言う。君の言うこともわかるけど、どんなに人格が立派で真面目な人間だからといって、仕事がよくできるとは限らない。仕事と人格はあくまで別や。人間誰しも欠点はある。だから、あの男にはこういうええとこもあると見なくてはいけない。君は、その欠点にだけ気をとられているから、ええとこが見えんのや。※

※上司をかえてほしいと言う社員に幸之助はこう返事をしたという。

『松下幸之助　経営語録』

5月19日　まずサービスから

サービス精神に事欠いてはならない。すべてがサービスから始まる。

子供の時分によく親方から教えられたのは、商売人というものは、〝損して得取れ〟ということです。これは少し旧式な話でありますけれども、損して得取れ、損を惜しんでは商売人として成功しないということを言われたのであります。これは商売だけではなくて、人間全般に通ずると思うのです。個人、人間の社会生活に通ずることだと思います。今日《こんにち》の言葉でいうならば、まずサービスからかかれ、サービスをしてはじめて成果が認められるんだということと同じことだと思います。昔はサービスという言葉はございませんでしたから。

そのサービスを適切にやっていくかいかんかによって、非常に満足されるかどうかが決まる。満足されることによって、松下を非常に支持してくださるということに結びつき、繁栄するか繁栄しないかということに結びつくと思うのであります。

松下電器のすべての人は、サービス精神に事欠いてはならない。それは、友人に対するサービスであるし、会社に対するサービスであるし、顧客に対するサービスであるし、社会に対するサービスである。一切がサービスから始まると考えていいと思うのです。

『松下幸之助発言集30』

販売に対する基本方針を生かすためには、まず販売にあたる人の誠心誠意が必要になる。

落語家の噺《はなし》は、聞いていると面白いのですが、それを文字で読んでみると、聞く時の面白味は少しも味わえません。販売にあたるのも同様であろうと思います。いかに立派な筋書きを与えられていても、それを味よく先方にお届けできるかどうかは、販売にあたる人がそれだけの訓練を自ら培《つちか》うかどうかにかかっているのです。筋書きのちょっとした生かし方にも興味をもって研究すれば、それに成功するでしょう。そしてその根底となるものが、誠心誠意だと思います。それが根底にあってこそ深い味わいも出てくるのです。誠心誠意がなければ、どんなに立派な筋書きでも、それは実を結ばないアダ花となってしまいます。

どこの会社、商店でも販売に対する基本方針がありましょうが、それはいわば筋書きであって、それを生かした味は百人百様のあらわれ方をします。その味は、販売にあたる人の仕事に対する熱心さ、仕事に対する努力から生まれてきます。すなわち、そういう販売の技術ともいうべきものを自ら培い、備えている人によい筋書きを与えれば、まさに〝鬼に金棒〟となり、販売に成功すること間違いなしだと思うのです。

『商売心得帖』

5月21日　新人のプラス面とマイナス面

新入社員を迎える時期は飛躍の機会だが、同時にマイナスの面も見忘れてはならない。

新しい人を迎えることにより、会社にも個々の職場にも新鮮な雰囲気が生まれてくる。先輩の人々も、自分の初心といったものを改めて思い起こし、そこに自ら心機一転の思いをもつというように、この時期は一つの飛躍のための得がたい機会であるともいえよう。

しかし、そうしたプラスの面とともに、新入社員が加わることによるマイナスの面を見忘れてはならないと思う。というのは、いかに優秀な素質をもった人でも、学校を卒業して入ってきたばかりで、仕事については全く経験がないのだから、最初は先輩の人がいろいろと教え導かなくてはならない。いわば手取り足取りといった姿で教えられることにより、だんだん仕事を覚えていくわけである。

ということは、その間《かん》、先輩の人はそれだけ手間をとられることになる。つまり自分の仕事の能率がそれだけ落ちるようになる。そうしてみると、全く仕事の経験がない新入社員が加わる上に、これを教え導くために先輩の人の能率も落ちてくるのだから、職場なり会社全体というものをとってみると、一人あたりの力は低下するわけである。

『経済談義』

5月22日　お得意先の仕入係

お得意先の仕入係になったつもりで、お得意先の身になって、商品をお勧めする。

商売をするには、自分の扱う商品を十分吟味《ぎんみ》し、自信をもって販売することが大事であることはいうまでもないでしょう。ただその際の心がけとして、単に商品を吟味するというのではなく、買う人の身になってというか、いわばお得意先の仕入係になったつもりでこれを吟味することが大事だと思います。

仕入係というものは、必要に応じて品物を購入するのが仕事です。それも品質はどうか、値段はどうか、量はどれくらいか、いつ仕入れたらよいか、というようなことを一つひとつ検討しながら、なるべくその会社や商店の益になるようにもっていくところに、仕入係の役目があるわけです。だから、自分はお得意先の仕入係だと考えれば、お得意先は今何を必要とされているか、どういう程度のものをどれほど欲しておられるかということを察知しつつ、そういう目で商品を吟味して、お得意様の意にかなうようにお勧めしなければなりません。

『商売心得帖』

商品を新たに購入いただいたお得意様とは、新しく親戚になったのだと考えたい。

日々扱っている商品は、いうなれば長く手塩にかけたわが娘のようなものと考えられます。だから、商品をお客様にお買いいただくということは、自分の娘を嫁にやるのと同じことで、そのお得意様と自分の店とは、新しく親戚になったことになる。かわいい娘の嫁ぎ先がお得意様であるということになると思うのです。

そう考えますと、そのお得意様のこと、またお納めした商品の具合などが、おのずと気にかかってくるのではないでしょうか。

〝ご家族の方が気に入って使ってくださっているだろうか〟とか、〝故障していないだろうか〟とか、さらには〝近くまで来たついでに、ちょっとお寄りして様子を伺ってみよう〟というように、自分の娘の嫁ぎ先に対すると同じような感情が、自然に湧《わ》き出てくるといえましょう。

そういう思いで日々商売に取り組んでいくならば、お客様とのつながりにも、単なる商売を超えた、より深い信頼関係というものが生まれてきます。そうなればお客様にも喜ばれ、ひいてはそれがお店の繁栄にもつながってくると思うのです。

『商売心得帖』

あらゆる点から眺め、考えてみる。寝ながらでも、考えて、考え抜く。

私が今から五十年前に商売を始めて以来、初めて広告宣伝をやろうとした時です。ナショナルランプを考案しまして、これを世間に出す。それには第一に宣伝ですが、当時は資金は乏《とぼ》しいし、力もありませんから、新聞に広告を出すということは並大抵ではなかったのです。「買って安心、使って徳用、ナショナルランプ」、これだけの文句を書いて、三行広告をしたのです。その三行広告をするにあたりまして、当時三行広告といえども、私らにとっては大金を出すことになるわけですから、長い時間をかけて十分検討しました。「買って安心、使って徳用、ナショナルランプ」、これだけの文句ですが、それで三日かかったのです。なぜ三日もかかったかといいますと、その字の太さ、字と字の間隔、また周囲から見て、字はどういうような感覚になるかということを考え抜いたからです。寝間《ねま》に入っても、その書いたものを新聞の上に置いて眺めてみることもしましたが、見るたびに、この間隔はもうちょっと空けたほうがいいな、この字の太さは、もうちょっと太くしたほうがいいなと、その都度《つど》変わってくる。際限がありませんから、このくらいでやめようということで、結局三日費やしたわけであります。

『松下幸之助発言集24』

5月25日　新製品に付いて回る

魂をこめてつくった新製品は、どう使われ、どう感じられているのか。

とにかく新製品を出せばそれに付いて回ることが大事です。「今日《きょう》出した品物は初めての品物である。どこへ売ったか」「大阪の何々《なになに》商店へ売りました」「じゃあ、その商店へ一ぺん行ってこい」と。「あなたのほうはそれを買ってくれましたか」「買いました。しかしまだ売ってないんです。店に置いてあるだけです」「ああそうですか。店に置いた範囲においてあなたはどう思いますか」「店に置いている範囲ではまあいいと思う」「それは結構です。まあできるだけ売ってください」と。三日おいて、「売った結果はどうですか」と。「昨日《きのう》売りました。まだ様子を聞いていません」「どこへ売られましたか」「ここへ売りました」「じゃあ、私そこへちょっと行ってまいります」と言うてそこへ行く。

そういうようにズーッとやれば、仮に不良があればすぐにわかるし、先方も満足するし、失敗を重ねるということは絶対にありえない。しかしほとんどそれをやっておらない。電話でも聞いておらない。これは、自分が魂《たましい》をこめてつくった品物を人に提供して、その人がどういうふうに使ってどういうふうに感じるか、ということに対して興味のない証拠だと思うんです。

『松下幸之助発言集25』

もの言わぬはずの商品が語りかけてくる。それほどの真剣さが自分にあるかどうか。

乾電池の工場に行った時のことです。たまたまつくった製品がもうひとつ調子がよくないということで、責任者をはじめ担当の人たちがあれこれその原因を調べていました。そこで僕も、その乾電池を幾《いく》つか家に持って帰って、夕食をすませてから机の上にズラッと並べ、あれこれと思いをめぐらせつつ乾電池につけた豆球の明るさを調べたり、じっと眺めたりをくり返したのです。そうするうちにふと、乾電池が「一ぺん温めてみてくれないか」と言っているような気がしました。早速、鍋にお湯を沸《わ》かし、その中に入れて温めてから試してみると、明るさが正常の状態になっています。そこから原因がわかって翌日早速、対策を講じることができたのです。そこでその責任者に、半《なか》ば冗談まじりに、「乾電池としばらくにらめっこしていると乾電池がもの言いよるで。君も乾電池製造のプロであるなら、そんな乾電池の声を聞き取れるようにならなあかんな」といった話をしたこともありました。

もの言わぬはずの商品が何ごとかを語りかけてくるというのは一体どういうことなのか。僕自身もよくわからないのですが、結局、そのような声が聞こえるかどうかは、自分の側にどれだけの真剣さがあるかによるのではないかと思います。

『PHP』昭和59年4月号

5月27日　くり返し訓練する

常に、いざ競争という場合に備えて、早くいい物をつくる訓練を欠かさない。

例えば、アイロンをつくる会社があるとすれば、三つなら三つの条件のもとに新しいアイロンをつくるから設計してくれといって、三つの班に分かれた設計陣でコンクールを行うわけです。それを三日間でやるのです。そうすると三日間でそれぞれの班が設計を完成します。それを集めてどの班がいちばん適切にできているか検討する。そういうことをくり返しくり返し訓練するところから、いざという場合に三日あれば立派に設計ができるようにもなるわけです。

そのようにして、早くいい物ができるという訓練を常にしておけば、いざ競争という場合に、瞬間にいい物ができるでしょうし、また一つの注文を受けても、他が一週間かかるところを、こちらは三日でできるということにもなるでしょう。そうすると四日間早くできるから、注文主も非常に満足するわけです。いくらいい物ができるにしても、それが一カ月も先だというのであれば、注文はよそへ行ってしまいます。

だからそういう訓練を常にしていることが、非常に大事なことだと思うのです。

『道は無限にある』

5月28日　不良の発見

商品に不良を出してしまった時に、悪いところが、すぐにわかるかどうか。

その仕事の重大性を常に自覚し、それに基づいて注意を怠《おこた》らずやっていけば、大抵の不良は事前に発見できる。また不良を出してしまったら、なおすぐ発見できる。それが商品を出して先方へ行ってはじめて不良であるということがわかる、返されてきてもまだ安閑《あんかん》として、いやこうでもないああでもない、それは使い方が悪いんだろうというようなことで論議しているようなことは、もってのほかだと私は思うんです、実際のところは。

もし、たまに見落としがあったり、手抜かりがあったりして、需要者から「どうもあそこのところ、こういう音がしまっせ」と言われたら、もうすぐにピンと来て、「いやよくわかりました。それじゃすぐお取り替えいたしましょう」と言うて、〝ああ、あそこが悪いんやな。あれはうっかりしておったな〟というようなことがすぐわかるくらいでないといかんと思います。

それが返ってきて、「一ぺん試験してみいな」「いや、あんまりどうもないやないか」というようなことを言うて時を費やすということは、もう実に言語道断だと思うんです。

『松下幸之助発言集30』

5月29日　正しい雑音

工場内のその雑音は、正しい雑音か。不良品ができている雑音ではないか。

工場の作業場へ入って、何となしに響いてくる音、雑音が、それが正しい雑音であるかどうか、キチッと仕事ができている雑音であるかどうか、不良品ができている雑音であるかどうか、というようなことがわかるかわからないかということです。それがわからないようなことでは、私はあまり偉そうに言えないと思うんです。

『松下幸之助発言集28』

5月30日　止めを刺す

後悔をしないためにも、仕事には念を入れ、止めを刺したい。

昔は、いわゆる止《とど》めを刺すのに、一つの厳しい心得と作法があったらしい。だから武士たちは、もう一息《ひといき》というところをいい加減にし、心をゆるめ、止めを刺すのを怠《おこた》って、その作法にのっとらないことを大変な恥とした。

物事をしっかりと確かめ、最後の最後まで見極めて、キチンと徹底した処理をすること、それが昔の武士たちのいちばん大事な心がけとされたのである。その心がけは、小さい頃から、日常茶飯事《さはんじ》、箸《はし》の上げ下げ、あいさつ一つにいたるまで、厳しく躾《しつ》けられ、養われていたのであった。

こんな心がけから、今日《こんにち》のお互いの働きをふり返ってみたら、止めを刺さない曖《あい》昧《まい》な仕事のしぶりの何と多いことか。

せっかくの九九％の貴重な成果も、残りの一％の止めがしっかりと刺されていなかったら、それは初めからなきに等しい。もうちょっと念を入れておいたら、もう少しの心配りがあったなら――後悔することばかりである。

お互いに、昔の武士が深く恥じたように、止めを刺さない仕事ぶりを、大いに恥とする厳しい心がけをもちたいものである。

『道をひらく』

5月31日　言い訳は一切聞かない

課の責任は課長に、社の責任は社長にある。言い訳をする意思などあってはならない。

例えば、課の成績があがらない、という場合があります。それに対しては、まあ、いろいろな理由がありましょう。どうも自分の課員はもうひとつうまくいかない、というようなことを課の成績に関連して言ったりいたします。

そういう場合、私は、

「君、それはけしからんことを言うじゃないか。課の責任は君一人の力だよ。仮に部下に悪い者があるから成績があがらないというのであれば、その部下を返す。どうもあれは適性がないから他に使ってもらいたい、ということはいくらでも会社に言うことができるんだ。それを言わずして、便々《べんべん》と使っているということは、やはり君の責任じゃないか。だから部下が悪いとか、何々《なにな》に原因があるとかいう言い訳は一切聞かない。これは僕自身がそう思ってるんだ。僕が会社の社長としてうまくいかないという場合に、どうもうちの社員が具合が悪いからとか、何々に原因があったから、というようなことで、僕は言い訳する意思は全然ないんだ。それを同じように君に対しても要求したいんだよ」

こういうような話をしてきております。

『経営の価値　人生の妙味』

人生を創るための「金言」ノート（3年分）

5月の全日分を読了後、「①どの言葉・文章が心に強く響いたか」「②それはなぜか」「③今後の行動にどう生かすか」を自問自答して、毎年、簡潔にまとめてみましょう（書き込んだ日付も忘れずに）。その記録を時折読み直し、自らの成長の糧にしましょう。

年　月　日

年　月　日

年　月　日

儲ける

6月

経営意識を高める

6月1日　社員稼業に徹する

社員一人ひとりが、会社の中で、自らを独立経営体だと考えてみてはどうか。

自分は、会社という一つの社会の中で、社員稼業《かぎょう》をしている独立経営体であると考える。すなわち、皆さん一人ひとりが、自己の独立経営として、自分はこの会社の社員稼業をやっているんだと、こういうような心意気になってものを見、ものを判断することがはたしてできないものかどうか、また、そうすることは間違ったことなのかどうか、ということを考えていただきたいのです。

もし、社員稼業に徹するならば、例えば命じられただけの範囲で仕事をすませるということは、私はできないと思います。自らの稼業が夜なきうどんの主人であったとしたならば、自ら進んでうどんを売るというような心がけで仕事をしなければならないでしょうし、川べりに屋台を出して、お客さんに呼びかける必要があるでしょう。また、今日《きょう》のおつゆの味はどうであるかと、自ら食べてみて、少し辛《から》いとか、辛くないとか、自分で味わい、考えるということもやるでしょう。

『社員稼業』

6月2日　自己認識と対比認識

自己認識も対比認識もできていなければ、会社のためになるはずがない。

絶えず松下電器の実力というものがどんなものであるか、競争力はどの程度あるかということを総合して、判定を誤ってはならない。これは社長の仕事である。皆さんは総合的な判定をすることは、仕事が多少違うとしても、その担当の部門の実績、実力というものがどんなものであるかということを絶えず認識して、それを一歩高めるにはどうしたらいいかということについて考える。具体的に実力をもっているのかどうかということですね。

この間《あいだ》、ある一つの器具を見たところ、何とこれはまずいなと思うたわけです。汚いし、なんだか素人《しろうと》がつくったようなものなんです。こんなものは信用を落とすと思うようなものなんです。ところがそこの技術担当者は、これを平気で出している。それは認識していないわけですね。つまり、自分の技術そのものを認識できているかどうか。あるいは自分の技術とよその技術とを対比した場合に、どれだけ劣っていてどれだけ進んでいるかという、対比認識もできていない。自己認識も対比認識もできていない、ということは競争相手に対する認識もない。こういう状態においてやっておれば、これはもう会社のためにならないことは決まっている。

『松下幸之助発言集25』

6月3日　素直な心と経営のコツ

素直な心になるところにこそ、経営のコツを得るコツがある。

素直な心については、私は以前から、その大切さを人にも言い、自分自身にも言い聞かせて、その向上に努めているのですが、常住坐臥《じょうじゅうざが》、常に素直な心になることができれば、人間というものは、物事の本当の姿、実相を見ることができるようになって、あたかも神のようにといってもよいほど、強く正しく聡明《そうめい》になることができると思います。

そうなれば、商売や経営において何が大切かといったことも的確につかむことができましょうし、人を生かしていくにはどうすればよいかというようなことも、その時々に応じて正しく判断できるようになるでしょう。それは経営のコツを会得《えとく》した姿にほかならないと思います。その意味では、素直な心になるところにこそ経営のコツを得るコツがあるといっても決して過言ではない気がしています。

『経営のコツここなりと気づいた価値は百万両』

硬直化した経営にしないために、それぞれに自主経営力が必要である。

何でも上から命令されたから、上の人の希望であるからと安易にものを考えるようになると、それはいわゆる事なかれ主義に陥って、硬直化した経営になってしまいます。例えば、経費節減ということで、広告宣伝費はムダに使ってはならないという方針が出された場合、それを直訳して、必要な広告までやめてしまうということでは、売れる商品も売れなくなり、会社の発展も止まってしまいます。そこにやはり、下の人としての自主性に基づく経営的な判断が必要なわけで、ムダな広告は一切なくすが、必要なものは積極的にやっていくということでなくてはならないと思います。

ですから、仮に部長の人が一つの方針を打ち出した場合に、課長なり主任なりがそれに対して自分の所信を訴える、もしそれが妥当でない場合には、「部長、それは間違っていますよ」と言えるだけの自主性と実力、いわば自主経営力というものをもっていることが必要だと思います。そういうものがないと、万一、上の人が誤った場合、全部が誤った方向へ進むということにもなってしまいかねません。

『経営心得帖』

6月5日　喜ばれ感謝されているか

もし仮に自分の店が閉店した場合、お得意先は残念に思ってくれるだろうか。

日々の商売を進めていく上で大事なことはいろいろありますが、その一つとして次のようなことがあげられると思います。それは、今営んでいる自分の店ははたしてどれくらいお得意先のお役に立っているか、どれほど喜ばれ感謝されているかということを、いろいろな角度から絶えず検討し、自問自答してみるということです。

例えば、もし仮に自分が店をたたんでしまった場合、お得意先が〝惜しい店がやめたな〟と残念がってくださるかどうか、それだけの商売を自分が今しているかどうかといったことを反省、検討してみてはどうでしょう。そのような検討を絶えずくり返しつつ商売を営んでいくならば、そこから、〝自分のやり方にはまだまだ配慮が足りなかった。お得意先に対してはこういうこともしておかなければならなかった〟ということが随所《ずいしょ》に次々と出てくるのではないでしょうか。

『商売心得帖』

必要以上の規則で律してしまっては、各自が持ち味をのびのびと発揮できない。

もし経営者が必要以上に社内規則をつくって社員の活動を律しようとしたならば、たとえそれが社員が間違いをしないようにとの心づかいからであっても、やはり社員の多くはそういう規則にしばられて、のびのびとは活動しにくいであろう。それでは各人のせっかくもっている知恵才覚というものも生かされにくくなる。いきおい、仕事の成果もあがらないということにもなりかねない。だから、会社の経営者というものは、やはり、会社としての経営の基本的な方針は全員に徹底させるが、あとはできるだけ各人の責任において自由にやってもらう、というやり方をとったほうがよいのではないだろうか。

そうすれば、社員はのびのびと自分の持ち味を発揮できるし、仕事に対しても喜びを感じつつ、またそれぞれ創意工夫を生み出しつつ、高い能率を上げて働くということにもなろう。それは本人のためにもなり、ひいては会社の繁栄にも結びつくであろう。

『PHP』昭和41年12月号

6月7日　働きの成果を黒字にする

全従業員の働きの成果として必ず利益を出す。そうでなければ、会社は存在する価値がない。

皆さんが、朝から晩まで会社の仕事に従事してくださって、そうしてその働いた成果というものがゼロではいかんということである。その働いた成果には、必ず利益が出なければならない。これをなしえないような経営では絶対に意義がない。いやしくも数億の金を使い、数千台の機械、数百棟の建物を使用し、七千の人が朝から晩まで一所懸命に働いて、何ら利潤も出ないということは、国家をしてだんだん貧困ならしめ、会社をしていよいよ衰微せしめ、全従業員がだんだんと貧困になることでしかない。かくのごとき能のない働きに終始してはならないのである。

我々が産業人であることを考えるならば、これだけの人の働きの成果を黒字にもっていって、国家の繁栄と、会社の繁栄と、従業員の生活向上になるような成果ある仕事を断じてやる、ということを、はっきりと我々は認識しなくてはならない。そうでなければ、あってかいないない存在であると私は考える。あってかいないない存在ならば、松下電器は解散をしてよろしいものであると思うのである。

『松下幸之助発言集22』

6月8日　経費の使途

経費が有効かつ適切に使われていない場合、その会社、商店の経営は必ず失敗に終わる。

会社、商店の経営にあたって心得るべきいろいろのことがあるが、そのうち最も心しなければならぬことは経費の使途《しと》についてである。経費が最も有効適切に使われている会社、商店は繁栄するが、反対の場合は必ず失敗に終わる。

一枚の伝票、一通の郵便物、一本の電話のかけ方などにムダがあるようでは、自然それが製品原価の上に響いて、売価が高くなり、ついに販路を狭められ、商売が成り立たなくなる。よしんばそうした製品を買ってくれるにしても、そのような放漫な経営による原価高の負担を需要者に課するようなやり方は、社会を毒するもので、その存在が必要でないことになる。

どこまでも真摯《しんし》に怠《おこた》らず、検討努力し、よりよき品をより安き値段で社会に提供することができてこそ、産業の本旨《ほんし》に沿うものであり、我々はぜひかくあらねばならない。

『松下幸之助発言集29』

1月 2月 3月 4月 5月 6月 7月 8月 9月 10月 11月 12月

6月9日　私のためでなく公のために

人を雇い、人を使うのは、社会に貢献するために必要だからである。

何万人もの人が働いているような大企業の中にはいろいろさまざまな職種がある。けれども、そのどれをとっても、一つとして私《わたくし》の仕事はない。皆、その企業が事業を通じて社会に貢献していくために必要なものである。その必要な仕事をやってもらうために人を雇い人を使っているわけである。だから、かたちの上では経営者が人を雇い、上司が部下を使っているようであっても、実際は、企業としての公《おおやけ》の使命を達成していくために、それぞれに必要な仕事を分担しているということになる。ただ、それを全体としてよりスムーズに運営していくために、かたちの上で、使う立場、使われる立場ということになるにすぎない。あくまでも私のためではなく、公のために人を使うのである。

そのように、人を使うのは私のためではない、いわば公事であると考えれば、そこに一つの信念が生まれてくると思う。

『事業は人なり』

6月10日　企業は社会の公器

その仕事は、社会が必要とするものか。現在も将来においても、人々が求めるものか。

まず基本として考えなくてはならないのは、企業は社会の公器であるということです。つまり個人のものではない、社会のものだと思うのです。企業には大小さまざまあり、そこにはいわゆる個人企業もあれば、多くの株主の出資からなる株式会社もあります。そういった企業をかたちの上、あるいは法律の上から見れば、これは個人のものであるとか、株主のものであるとかいえましょう。しかし、かたちの上、法律の上ではそうであっても、本質的には企業は特定の個人や株主だけのものではない、その人たちをも含めた社会全体のものだと思います。

というのは、いかなる企業であっても、その仕事を社会が必要とするから成り立っているわけです。企業がその時々の社会の必要を満たすとともに、将来を考え、文化の進歩を促進するものを開発、供給していく。言い換えれば、その活動が人々の役に立ち、それが社会生活を維持し潤《うるお》いをもたせ、文化を発展させるものであって、はじめて企業は存在できるのです。こういう仕事をしたいと、いくら自分だけで考えても、それが現在もまた将来においても人々の求めるものでなく、社会が何ら必要としないものであれば、これは決して企業として成り立たないと思います。

『［復刻版］企業の社会的責任とは何か？』

1月　2月　3月　4月　5月　6月　7月　8月　9月　10月　11月　12月

経営全般に“ダム”をもとう。資金に、設備に、在庫に、余裕をもとう。

私は以前から〝ダム経営〟ということを提唱し、自分でも心がけるとともに、また人にも勧めてきた。ダム経営とは、ひと言でいえば、経営の中にダムをもとうということである。河川《かせん》にダムをつくって、そこに水をたくわえ、それによって水の流れを調節し、ムダなく活用する。それと同じように、資金の面、設備の面、在庫の面、その他経営全般にわたって、ダムをつくり、余裕をもって経営を進めていこうというものである。

新しい仕事をするのに、一億円の資金が要るとしたら、一億二千万円の資金を用意する。もし、一億円しか手当てできないとすれば、仕事のほうを八千万円に縮小する。そのようにして二千万円の余裕をもって、不時の出来事に備える。そういったものが資金のダムである。一つの設備をする場合、九〇％の稼働率で採算がとれるようにしておく。普段は九〇％だけ働かせる。そして、例えば石油危機の折のように、何かのことで需要が急に増えたような時に、初めて一〇〇％働かせて、供給に不足ないようにする。それが設備のダムである。

『経済談義』

6月12日　会社へ投資する

頭でも、知恵でも、時間でもよい。何かで会社に投資をしてこそ、一人前の社員。

いったんもらった給料を会社へまた献金する必要はありませんが、しかし、何らかのかたちで、自分の頭で投資するか、知恵で投資するか、あるいは時間で投資するか、何らかのかたちで投資するという面が必要だと私は思うのです。そのくらいのことを考えてこそ、一人前の社員といえるのではないでしょうか。

『わが経営を語る』

6月13日　適格と不適格

私情にとらわれず、不適格な人はかえる。他の場所で、立派に花を咲かせてもらう。

部下のことにしろ自分自身のことにしろ、適格であるか否《いな》かの判断は、私情にとらわれることのない適正なものでなければなりませんが、そうである限りは、不適格な人をかえるのに躊躇《ちゅうちょ》してはいけないと思います。そして実際、他の部署にかわることによって、そこで立派に花を咲かす人もたくさんあるわけです。

これは結局、部の運営がうまくいくもいかぬも、部長一人のあり方いかんにかかっている、つまりは部長一人の責任であるということですが、会社が着実に発展していくためには、そういうことが日々適切に行われなければなりません。それだけの責任を常に負うているのだという自覚こそ、幹部社員として欠かせない一つの大切な要件ではないかと思います。

『社員心得帖』

6月14日　仕事の遅速

いつ需要が変わるかわからないと覚悟し、日々の仕事の速度を絶えず勘案していく。

一つの品物が、今日《きょう》人気を博してよく売れるからといって、明日《あす》もその通りにいくかというと、そうはいきません。明日はどういうものがどこから生まれてくるかわからないのです。すぐにそれが全国に宣伝されて、それによって需要が変わるということがありえます。これは昔と今日《こんにち》とでは大変な違いだろうと思います。そのことをお互いに覚悟する必要があるわけです。会社経営の責任者の地位にある人は、絶えずそういうことを考えて、そして自分の仕事を吟味《ぎんみ》し、その遂行ぶりの遅《ち》速《そく》ということを勘案《かんあん》しなければならないと思います。

『道は無限にある』

6月15日　小さな乱れ

好調時こそ、小さな乱れを見逃さない。ただちに検討を加え、迅速に対策を講じる。

まあ今までのところは、世間一般の好況にも恵まれて、概《おおむ》ね順調に進み、見方によっては予想以上の業績をあげてきたともいえましょう。これはまことに嬉《うれ》しくありがたいことで、この調子ならば、十月切の売上げはさらに一層の躍進を見せることと、内心大いに期待しておりました。ところが、この十日現在の予測では、案外にこれがふるわず、むしろ九月を下まわるような気配さえ見えてきたのです。もっとも、昨年も九月に比べて十月の売上げは若干下まわったので、別に深く気にすることもないようですが、しかし景気に恵まれた本年の十月がこのような状態を示していることについて、私はいささか気になっているのです。

千里の堤《つつみ》も小さな蟻《あり》の一穴《いっけつ》から崩壊するといいます。その意味において、私どもの仕事に少しでも調子の乱れが見えたならば、敏感にこれを感受して、ただちに検討を加え、迅速な対策を講じなければなりません。ことに好調な時には、こうした小さな乱れはとかく見逃されがちで、あとになって思わぬ不覚をとりやすいものです。

『日に新た』

6月16日　引き際

引き際の見極めは難しい。熱心さが足りないと、いつまでもわからない。

事業経営をしていると、引くに引けないという状況に直面するようなものだが、そういう状況下で、捨て身になって仕事をしていくうちに、引き際というものが初めてわかってくる。熱心に事業に取り組んでいれば、おのずとわかってくるが、熱心さが足りないと、いつまでたってもわからない。

また、この引き際の見極めは会社が大きくなってくると、全体が見えないようになってくるから、さらに難しくなる。どうしても一部分だけ見て判断しがちになるから失敗しやすいし、失敗しても自分の失敗が全体に及ぼす影響がわかりにくいから、よけいたちが悪い。これは、国家経営にもあてはまることだと思うが、伝統のある大きな会社があっというまに倒産したり、国でさえも潰《つぶ》れてしまう危機に陥るのは、そういうことがあるからである。

だから、やりたいものがたくさんあっても、自らの力なり、自分の立場、会社の立場というものを考えて、やってはならないものはやらないし、やめるものは断固としてやめる。そういうことが適時適切にできてはじめて、一人前の経営者といえるのではなかろうか。

『松下幸之助 経営語録』

6月17日　純粋な感激

魂を製品にこめる。その生産の労苦を認めてもらうところに、純粋な感激がある。

一般にわが社では、苦心してつくった商品を大切にしないように見受けられるが、自分たちの手がけたものが世上でどのように扱われているか、強い関心をもたねばならないと思う。私が昔、直接生産に従事していた時、新しい品物を代理店へ持参して見せると、「松下さん、これは苦心された品ですね」と言われたことがある。こう言われた時、自分は無料で進呈したいと思ったほど嬉《うれ》しかった。

これは高く売れて儲《もう》かるという欲望的意識でなくて、よくも数カ月の労苦を認めてくれたという純粋な感激だったのである。この感激は、常に己《おのれ》の魂《たましい》の至誠《しせい》を製品にこめる者のみが味わいうるものであり、この喜びに全社員がひたる時にこそ、わが松下電器が真に生産報国の実《じつ》をあげ、確固たる社会信用を獲得することができるのである。

『松下幸之助発言集22』

6月18日　道義と金儲け

社会によりよき道義を保つ上でも、自分を養うだけの金儲けが必要になる。

社会のために、よりよき道義を保つ上には、いかなる人といえども、自分を養うだけの金儲《もう》けをしなければいけない。また力ある人は、それ以上の金儲けをしなければならない。金儲けせんほうがええとか、安い賃金で働けとか、あるいは、安いものを売れとかいうようなことを言って、お互いに金儲けのしにくいようなことを奨励するのは、貧困街道を走らすようなものである。

商売にしても、会社に損をかけるような社長は、悪意でないというだけの話で、結果は泥棒《どろぼう》と同じことである。

そういうことに対して、もっと社会的な制裁――と言うとおかしいが、厳しいものがなければならないと思う。ところが破産したところは同情される。ある場合には、あれはアホーだなと言うけれど、ある場合には気の毒だなと言う。そういう常識の範囲では、本当の意味の繁栄国家をつくることはできない。

『仕事の夢　暮しの夢』

6月19日　立ち話の会議

テンポの速い現代では、会議でも座らず、立ち話で即決するほどの心がまえがほしい。

社長が実際の仕事についてはあまり知らず、「どうだ君、やれると思うのだがどうだ」というようなことを言っていますと、甲論乙駁《こうろんおつばく》、議論百出《ひゃくしゅつ》となって、三日ぐらいもかかることになりかねません。それはいささか極端ですが、日本での会議というものには、概してそのような傾向が強いのではないでしょうか。それでは何かにつけてテンポの速い今日《こんにち》の世の中では、結論が出た時にはもう状況が変わっているということにもなりかねません。ですから、会議だからといって、会議室に集まり椅子に座ってするというのではなく、立ち話で会議をして即決する。しかもそれでも事態は刻々に変わりつつあるから、その立ち話の会議を状況の変化に応じて何回かくり返す。それくらいの心がまえが必要だと思います。

もちろん、事が決まっていても、会議に付して衆議をまとめねばならない場合もありますし、実際に衆知《しゅうち》を集めるために一ぺんみんなに意見を聞いてみようということもあります。そのように会議にも時によって千差万別、いろいろありますから、一概《いちがい》にはいえませんが、私は会議というものについては一面そういう認識をもつことも大切なことだと思うのです。

『経営のコツここなりと気づいた価値は百万両』

金は潤滑油であり、人間生活の向上という仕事の目的を実現するための道具である。

ただ食うだけでなくて、生活の一切が今日《きょう》より明日《あす》はなおよくなる、そのために働かねばならないものだと思う。人間にはそういう一つの大きな役割がある。お互いに、物を製造する人も、それらを助成するのに関連した仕事をする人も、みんなそういうことを目的にしている。精神的にも物質的にも、今日よりも明日はよりよき生活をしよう、そのためには何を考えるかということである。

そういうふうに考えてみると、金儲《もう》けをするということだけのために、ものを考えたらいけないわけだ。

資本主義国家においては、目的はちっとも変わらないけれども、それを各自の自由裁量において、しかも最も経済的に愉快にするために、資本主義経済というものができている。だから資本なり金は、いわばその潤滑油みたいなものである。といって我々は潤滑油のみのために仕事をしてはいけない。目的のために仕事をして、その目的のためにする仕事を、さらに能率的にするために潤滑油を必要とするのである。金はどこまでも道具であって、目的は人間生活の向上にある。

『仕事の夢 暮しの夢』

6月21日　寝ても覚めても

お得意先と仕入先が絶えず気になるか。身を入れた商売ができているか。

商売や儲《もう》けを論ずるということは、実は国家社会を論ずるのと同じことなのです。つまり商売というものは、本当は非常に格調の高いもので、だからお互いに自信と誇りをもって、もっと格調高い商売をしなければならないと思います。

こういう思いで商売を大事にし、商売に身を入れていると、自然とお得意先と仕入先のことが気にかかってくる。お得意先と仕入先を抜きにして商売というものは成り立ちませんから、お得意先と仕入先のことが気になって、じっとしていられないような思いになるものです。そして、あのお宅のあの製品にはもう油をさしてあげなければいけないとか、このお家にはこの新しい製品をお勧めしてみようかとか、あれこれと頭に浮かんでくる。自然、仕入先にも、いろいろと積極的な意見が出てくるようになります。

もしも、お得意先と仕入先のことが絶えず気になるということがないとすれば、商売はやらないほうがよろしい。きついことを言うようですが、本当は寝ても覚めてもというところに、身を入れた商売というものがあると思うのです。

『商売心得帖』

商品は金を生むもとになるという思いで、その管理にいつも細かい心配りをしたい。

人間というものは妙なもので、ここに仮に千円札があるとしますと、これは決して粗雑《そざつ》に扱いません。金はやっぱりサイフにキチンとしまうか、タンスに入れるか、金庫に入れるか、ともかくほったらかしにはしません。命の次に大事なもののように扱います。

ところがこれが商品となると、何となく粗雑になってくる。千円の値うちのある商品は、これは千円札と同じなんだというほどの思いがない。だからついほったらかしにする。埃《ほこり》もかぶったままで、キチンと整理もせずに、店のすみで軽くあしらわれてしまうというようになりがちです。実はここのところが非常に大事なのです。私の経験からいうと、こういう扱い方をする傾向の強いお店ほど発展していません。

もちろん例外もあるでしょうし、一概《いちがい》にはいえませんけれど、まず大体はこうしたものです。反対に、商品は金と同じだ、金を生むもとになるのだという思いで、大事に管理し、陳列し、いつもきれいにしておくというような細かい心配りをしているお店は、概して発展しているようです。

『商売心得帖』

6月23日　言うべきを言う

私的な人情でなすべきことを怠ることなく、信念をもって言うべきを言い叱るべきを叱る。

人を使って仕事をしていれば、時には叱ったり、注意したりしなくてはならないこともある。そういうことは、人情としては、されるほうもいやだけれども、するほうだってあまり気持ちのいいものではない。だからついつい面倒だとか、いやなことはしないでおこうということになりかねない。しかし、企業は社会の公器であり、人を使うことも公事であるとなれば、そうした私的な人情でなすべきことを怠《おこた》るのは許されないということになるだろう。だから、信念をもって言うべきことを言い、叱るべき時には叱るというようになると思う。そこに非常な力強さが生まれてくる。

そのことは同時に、単に私的な感情や利害で人を叱ったり、処遇したりしてはならないということにもなる。もちろん、人間である以上そういうものを絶無にすることは不可能かもしれない。しかしそれだけに一層、常にそうした私《わたくし》の感情にとらわれることのないよう心することが大切だと思う。あくまで社会の公器としての企業の使命というものに照らして、何が正しいかということを考えつつ、人を使うように心がけなくてはならない。

『事業は人なり』

6月24日　有害な競争

資本の力のみに頼る、競争のための競争は、社会にプラスを与えない反社会的行動である。

競争は、資本の力ではなく、事業そのものによる競争であるべきだ。同じ種類の商品の競争は、その質と値段においてなされるのだが、コスト安が下心のある赤字、出血サービスでなく、工夫発明によってもたらされたものだとすれば、これは広く社会にとって一つの進歩だともいえる。カゴが汽車になり、汽車が飛行機になったのと同じことで、社会に益するところ大といわざるをえない。

しかし単に資本のもつ力のみに頼って事を行い、損をしてまで競争に打ち勝とうとするのは明らかに暴力的行為である。それは競争のための競争であり、何ものも社会にプラスすることのない有害な競争である。不当な勢力分野の拡張はいたずらに過当競争をひき起こすだけで、これはまさに反社会的行動である。今日《こんにち》、いわゆる暴力が法律で禁止されているごとく、資本の横暴も一つの罪悪と見て厳しく自戒すべきものである、と私は思っている。私の言う「適正利潤の確保」はこんな安易な考えからは生まれてこないものだ。それはまさに汗とあぶらの産物であって、刻《こっ》苦《く》勉励、紙一枚をも節約しつつ、隅々まで工夫を凝《こ》らしてゆくところに初めて可能となるものである。そうしてこそ、社会の進歩に大いなる貢献ができるのだ。

『なぜ』

6月25日　発意と実行と反省と

朝に発意、昼は実行、夕べに反省。こういう日々をくり返したい。

結局、商売には、次のような基本姿勢が大切だと思いました。

つまり、仏教徒の方々の生活態度は、朝に礼拝、夕べに感謝といいますが、我々日々仕事に携わる者も、朝に発意、昼は実行、そして夕べに反省、こういう日々をくり返したいということです。同様に、毎月、毎年の初めに発意、終わりは反省。そして五年たったら、その五年分を反省する。そうすると五年間に実行してきたことのうち、よかったこと、よくなかったことがある程度わかってくると思います。

私自身の経験では、概《おおむ》ね過《あやま》ちないと思っていても、五年後改めて考えてみれば、半分は成功だったが、半分はしなくてもいいこと、失敗だった、ともいえるように思うのです。そのように反省しつつ歩むならば、次の歩みを過ち少なく進めることもできるわけです。

要するに商売というものは、この発意、実行、反省が大事なことであり、私自身も、こういう基本姿勢をさらに重要視していかねばと、改めて痛感している次第です。

『商売心得帖』

6月26日　客の後ろ姿に手を合わす心がけ

親切で、うまくて、早くて、客を大事にする店に、人は寄りつく。

うどんの値段は同じであっても、客を大事にしてくれる店、真心こもった親切な店には、人は自然に寄りついてゆく。その反対に、客をぞんざいにし、礼儀もなければ作法もない、そんな店には、人の足は自然と遠ざかる。

客が食べ終わって出ていく後ろ姿に、心底、ありがたく手を合わせて拝むような心持ち、そんな心持ちのうどん屋さんは、必ず成功するのである。

こんな心がけに徹したならば、もちろん、うどんの味もよくなってくる。一人ひとりに親切で、一杯一杯に慎重で、湯加減、ダシ加減にも、親身の工夫がはらわれる。

その上、客を待たせない。たとえ親切で、うまくても、しびれが切れるほど待たされたら、今日《こんにち》の時代では、客の好意も続かない。客の後ろ姿に手を合わす心がけには、早く早くという客の気持ちが伝わってくるはずである。

親切で、うまくて、早くて、そして客の後ろ姿に手を合わす――この心がけの大切さは、なにもうどん屋さんだけに限らないであろう。お互いによく考えたい。

『道をひらく』

6月27日　需要見込みと供給の義務

今年の消費は全体でいくらか。自分はいくら供給する義務があるか。

私は需要の見込みを立てるのに、こういうことを標準にしてやっている。要するに人間の嗜好性《しこう》、また経験性が加わることによって、消費の面は進歩するわけであるから、貧乏、金持ちということを超越して、消費の面は贅沢《ぜいたく》化するというか、進歩する。第一に、そういうことがどの程度伸びるかということを考える。もう一つは、国民所得はどうなるかということを考える。それと、習慣とか景気によらず、文化水準の向上、そういうものを勘案《かんあん》して、今年は何ぼの売りという見込みを出す。それ以上はやってみなければわからないものだ。そういうことによって、今年は全体で何ぼあるから、自分のほうは何ぼ供給する義務があるか、またそれだけの力があるかということによって、自分の商品を供給している。

私は今まで三十年間そういうやり方でやってきて、ほとんど誤ったことがない。今年は何ぼ生産する、来年は何ぼ売れるということによって、会社経営の基準を立てて、資金計画をやる。銀行から借りるものは借りる。戦前もそうであったし、戦後もそうである。その数字はほとんど、ピチンと合って狂いがない。「なんで君、そんなに合うのか」とよく聞かれるが、その根拠は科学的に説明できない。

『仕事の夢 暮しの夢』

6月28日　経営者は経世家たれ

先見性をもち、社員に希望と理想を訴え、実現していくことが、経営者には求められる。

未来学者といわゆる経世家《けいせいか》とは立場が違います。未来学者は過去なり現在なりを分析して、それによって将来はこうなるだろうという予測をします。しかし経世家というものは、人間の幸福のために将来はこういう世の中をつくろうということを考えます。そこに経世家の未来学と学者の未来学の違いがあります。

そして、今日《こんにち》の経営者は経世家でなければならないと思うのです。つまり、経営者が日々熱心に仕事をしていれば、自らの商売なり経営なりについて〝こうやってみたい、こうありたい〟といった希望や理想があるはずです。それを社員に訴え、その実現にともに努めていくということを大いにやるべきだと思います。

もちろん、一年先あるいは三年先には、世の中はこうなるだろうということを察知するいわゆる先見性というものは、経営者にとって欠くことのできないものです。しかし最近のように変化の激しい社会では、こうなるだろうと思ったことが必ずしもそうなるとは限りません。そこで、そのような先見性をもつことに加えて、自らこうしようというものをもって、その実現をはかっていくことが必要だと思うのです。

『経営のコツここなりと気づいた価値は百万両』

6月29日　勝ち方

勝負では、勝ち方、負け方が問題となる。いかに正しい方法で成果をあげるか。

いかに強い力士でも、その勝ち方が正々堂々としていなかったら、ファンは失望するし、人気も去る。つまり、勝負であるからには勝たなければならないが、どんな汚いやり方でも勝ちさえすればいいんだということでは、本当の勝負とはいえないし、立派な力士ともいえない。勝負というものには、勝ち負けのほかに、勝ち方、負け方というその内容が大きな問題となるのである。

事業の経営においても、これと全く同じこと。その事業が、どんなに大きくとも、また小さくとも、それが事業である限り何らかの成果をあげなければならず、そのためにみんなが懸命な努力を続けるわけであるけれども、ただ成果をあげさえすればいいんだというわけで、他の迷惑も顧みず、しゃにむに進むということであれば、その事業は社会的に何らの存在意義ももたないことになる。だから、事業の場合も、やっぱりその成果の内容――つまり、いかに正しい方法で成果をあげるかということが、大きな問題になるわけである。難しいことかもしれないが、世の中の人々が、みんなともどもに繁栄してゆくためには、この難しいことに、やはり成功しなければならないと思うのである。

『道をひらく』

仕事の上に必ず経営意識を働かせること。いかなる仕事も一つの経営である。

諸君の真摯《しんし》なる努力により年一年、伸展を見つつあることはまことに喜ばしい次第であるが、さて翻《ひるがえ》って考える時、自分の責務はこれに伴《ともの》うて加重するのである。すなわち諸君の努力を生かすも殺すも、自分の指導よろしきを得るか否《いな》かによって決せられるのであるから、深甚《しんじん》の考慮をはらわなければならないことを痛感する。しかしながら諸君憂《うれ》うるなかれ。自分には確固たる経営方策があり、断じて誤らざることを明言しうるのである。安心して追随《ついずい》してきてもらいたい。

ただし諸君は、各自受けもった仕事を忠実にやるというだけでは十分ではない。必ずその仕事の上に経営意識を働かせなければダメである。いかなる仕事も一つの経営と観念するところに、適切な工夫もできれば新発見も生まれるものであり、それが本所※業務上、効果大なるのみならず、もって諸君各自の向上に大いに役立つことを考えられたい。されば諸君に、今日《きょう》のお年玉として次の標語を呈しよう。

「経営のコツここなりと、気づいた価値は百万両」

これは決して誇大な妄語《もうご》ではなく、真に経営の真髄《しんずい》を悟りえた上は、十万百万の富を獲得することもさしたる難事ではないと信ずるのである。

『松下幸之助発言集29』

※この講話がなされた昭和9年当時の社名は松下電器製作所だった。

人生を創るための「金言」ノート（3年分）

6月の全日分を読了後、「①どの言葉・文章が心に強く響いたか」「②それはなぜか」「③今後の行動にどう生かすか」を自問自答して、毎年、簡潔にまとめてみましょう（書き込んだ日付も忘れずに）。その記録を時折読み直し、自らの成長の糧にしましょう。

年　月　日

年　月　日

年　月　日

7月

リーダーになる

7月1日　最高の熱意を

知識や才能で負けたとしても、その仕事への熱意だけは負けてはならない。

私はよく、各部署の責任者の立場にある人に対して、こういうことを言ってきた。

「君の部にはずいぶんいろいろな仕事がある。そのたくさんある仕事を、いかに君が部長だからといって、神様ではないのだから、何もかもできるわけではない。ある仕事については部下の人のほうが才能があるということもあるだろう。こういう面では、彼のほうがわしより偉いなという場合もあるに違いない。そういうことがたくさんあると思う。だから、君が責任者であり、指導者ではあるが、個々の面、専門的なことについては、指導できないことが多い。けれども、指導者の立場にあるのだから、指導もしなくてはならない。管理もしなくてはならない。

そういう場合、何がいちばん大事かということだ。それは、君の部の経営というものについて、誰よりも熱心であるということだ。部を経営する熱意においては、誰にも負けてはならない。知識、才能については負けてもいい。それはすぐれた人がたくさんいるだろうし、負けてもいい。だが、この仕事をやっていこうという熱意だけは君が最高でなくてはならない。そうであれば、皆が働いてくれるだろう」

『事業は人なり』

7月2日　責任者が負うべき責任

みんなの意見で決めたことでも、その全責任を負ってこそ、責任者たりうる。

長たるものは、その判断をするにあたって、最終的には自分一人の責任においてこれをしなければなりません。いくら大勢で決めたことだからといって、一度それを採用したからには、すべての責任を自らが負うのが本当です。「それは私の責任です」ということが言い切れてこそ、責任者たりうるわけです。

ところが実際においては、そういうことをわきまえている人は、それほど多くないように思われます。したがって往々にして、「みんなの意見で決まったことですので……」といって、責任者が負うべき責任をも回避するというようなことが起こってきます。

しかし、たとえ多数決で決まったことであっても、その責任者が「これは絶対によくない。自分の責任においてできることではない」と判断した場合は、そのことをはっきりと明言してやめさせるか、それができなければ自ら責任者としての地位を潔《いさぎよ》く退くということも考えられると思います。とにかく責任者としての出処進《しゅっしょしん》退《たい》を明らかにするということです。

『社員心得帖』

7月3日　命令と自発的な創意

地位による命令で人を動かしていないか。自発的な創意が出にくいようにしていないか。

人の上に立つ重要な地位にある人は常に反省する必要があるということは、人間は知っていても、その反面では違ったことを考えている。すなわち自分の地位の高さ、自分の年齢によって人が動くということのみを認識して、すべてを命令によって行おうとするのである。

これは上手《じょうず》な方法ではない。いや憂《うれ》うべき策といったほうがよい。このようなことがくり返されれば、部下は自然とその自発的、自主的な創意を出す機会が少なくなり、命令に従ってさえいればよいという習性ができてしまう。そして多くの場合、その一団の能率は下がるという結果になるのである。

『物の見方 考え方』

7月4日　正しい意志決定

速やかに正しい意志決定を行う。それは場あたり的なものではいけない。

意志決定はできるだけ速やかに行うことが大事だが、ただ早く決めればいいというものではない。その決定が正しいものでなくてはならない。即断して、誤った意志決定をしてしまったのでは何にもならない。

それでは、どうしたら正しい意志決定ができるのか。これは実際は非常に難しい問題だと思う。神様でもない限り、常に正しい意志決定を下すということは不可能だといってもよいだろう。

けれども、やはりできるだけ速やかに、できるだけ誤りのない意志決定を行なっていかなくては、人を使う立場としての職責は果たせない。そこで、自分の体験なり見識に基づきつつ、その時々の情勢を勘案《かんあん》して総合的に決定していくわけである。ただ、その場合に大事なことは、根底に一つの人生観、事業観、社会観というものをもつことではないかと思う。つまり正しい人生観、正しい社会観といったものを常に自ら養い高めつつ、それに基づいて意志決定をしていくということである。そういうものでないと、ともすれば場あたり的なものになってしまうし、また部下を十分納得させることができないおそれもある。

『事業は人なり』

7月5日　しっかりやってくれだけでは

長所を発揮できない人には、より具体的な指示をする必要がある。

私は人の長所を見て、その長所を使ってきた。しかし、その長所が出ないという場合には自分がかわってやる。かわってやるというても実際にできないから、かわってやるがごとき具体的な指示をした。具体的な指示ができない時には、具体的な指示に等しい方法を提案した。

「君はどこへ行って会社を見てこい、誰に会《お》うて誰にこういうことを聞いてこい。それじゃ、君よくわかるで。それでもわからなんだら、君は他へかわれ。他の人に譲れ。そして他で仕事せえ」と、そこまでやったわけである。それをいちいちやってきたわけである。それをやらずして、この会社はできないです、本当は。私はそう思うんですよ。

やっぱりね、社に長たる人は、部に長たる人はその分に応じてその仕事をせないかん。実際に指示せないかん。ただしっかりやってくれだけではいかん。

『松下幸之助　経営百話』

7月6日　見本を見せる

乱世の時は率先垂範。命令する前に自らやる。見本を見せる。

今は命令を待つということなく部下が働かないといかんし、事業部長も命令するんやなくして、自ら命令する前にやっていくというようなことが一面に必要である。乱世の時は必ずそうである。それに勝ち抜いたならば、それで勝利を得るわけである。会社の経営も、こういう時は事業部長が最先端に立ってやらないといかん。会社であれば、社長、会長が最先端に立ってやらないといかん。だから、実務的知識、実務的才能がこの際要求されると、こう私は思うんですね。

その実務的才能は、大きな会社になるほど薄くなっている。そして、大きな観点でものを見る。そういうようにやってきているわけである。けれども今は違う。今はそういう最高位にある事業部の部長、会社であれば社長、会長という人がいちばん率先《そっせん》してあたる、それで見本を見せる。〝こういうように販売するんや、こういうように売りこむんだ〟ということをやれるだけの人でなくてはいかん。

事あるたびに発展する会社と、事あるたびに左前になっていく会社とがあるのは、やはり首脳者の心がまえ次第だと思うんです。

『松下幸之助発言集28』

7月7日　決断が決断を生む

決断がなければ、なすべきことをなせない。決断してこそ進むべき方向が明らかになる。

問題が複雑な場合には、一つの決断を行えば、さらにまた次の決断を迫られ、そのあとも続いて決断すべきことが出てくるといったように、決断が決断を生むというような姿も出てくる。だから決断をすればそれで万事が終わり、といった簡単なものではないわけである。

けれども、そうはいっても、初めに決断がなければ、何をしていいかわからないということにもなりかねない。決断があってはじめて、何をなすべきか、どういう方向へ歩んでいけばよいか、といったことが明らかとなるのである。だから、そういう点からいえば、決断というものは非常に大事であり、いかに正しい決断を行うかが、やはり極めて大切な問題といえるわけである。

『決断の経営』

強い信念なり熱意が根底にあって、はじめて説得力は生まれてくる。

1月 2月 3月 4月 5月 6月 7月 8月 9月 10月 11月 12月

政治家や経営者にとって、最も大事なものの一つは説得力だとよくいわれる。いくらよい考えをもっていても、それを他の人に理解、納得させるには、それ相応の説得力が必要だというわけである。確かにその通りだと思う。

ただ、説得力というものは、自然に生まれてくるものでもなければ、口先だけの技術でもない。やはり、これが正しいのだ、こうしなくてはいけないのだ、という強い信念なり熱意が根底にあってはじめて生まれてくるものであろう。

『思うまま』

7月9日　心は最前線に

仕事を任せていても、精神的には、自分がやっているような気魄をもつ。

部下に任せるということは極めて大事だけれども、その一方で、いつでも自分が率先垂範《そっせんすいはん》するというか身を挺《てい》して事にあたるという気魄《きはく》をもっていなくてはならないと思う。そういう気魄、心がまえをもちつつ、部下に仕事を任せるということである。いわば、かたちの上では任せているが、精神的には自分が直接やっているような気魄を一面にもっていることが大切なのである。体は後方にあっても、心は最前線にいるというようなものである。そうすれば、部下の人もそうした社長の気魄を感じ取って、自分は社長にかわってこの仕事をやっているのだ、というような気持ちでそれに取り組んでいくと思う。それによって仕事の成果もあがり、人も本当に育ってくるだろう。

『事業は人なり』

人を育てるとは、経営的な感覚をもって仕事ができる人を育てるということである。

大事なのは、思い切って仕事を任せ、自分の責任と権限において自主性をもった仕事ができるようにしていくことである。

人を育てるというのは、結局、経営のわかる人、どんな小さな仕事でも経営的な感覚をもってできる人を育てることである。そのためには、何でもあれこれ命令してやらせるのではいけない。それでは言われたことしかしない人ばかりになってしまう。やはり仕事は思い切って任せることである。そうすることで、その人は自分でいろいろ考え、工夫するようになり、もてる力が十分発揮されて、それだけ成長もしてくる。

『実践経営哲学』

7月11日　任せて任せず

人に仕事を任せる時は、放り出さず、“任せて任せず”で任せてみる。

この仕事が自分はいちばん好きだからやってみたいというのであれば、そうさせたほうがうまくいくことが多いと思うのです。もちろん、任せてみたところ、その人の欠点が出るということもあります。その欠点については、やはり経営者が直してやらなければならないと思います。直しても直らないようであれば、その人をかえるというところまでやらなければなりません。

これは言い換えますと、〝任せて任せず〟ということになると思います。任せて任せずというのは、文字通り〝任せた〟のであって、放り出したのではないということです。

経営者というものは、どんな場合でも、最後の責任は自分にあるという自覚をもっていなければならないと思いますが、そのように腹をくくっていますと、仕事を任せた場合、どういうふうにやっているか、いつも気になっているというのが本当のところでしょう。任せてはいるけれども、絶えず頭の中で気になっている。そこで時に報告を求め、問題がある場合には、適切な助言や指示をしていく。それが経営者のあるべき姿だと思います。

『経営のコツここなりと気づいた価値は百万両』

個々の力を養成すると同時に、個々の力を調和させる必要がある。

会社というものは、個々の社員の実力が高まることが肝要です。皆さんが個々に成長していけば、皆さんの会社の実力が高まることになります。しかし、個々の実力が高まったからその会社はうまくいくかというと、必ずしもそうではありません。個々バラバラではうまくいかないのです。それをうまくまとめていく力がその会社になければいけません。また、その力があるからもう安心かというと、そうでもないのです。

というのは、会社に力があっても、それをはね返すというか、弱める力があっては何もなりません。だから皆さんは、個々の力を養成すると同時に、養成して高まった個々の力をいい意味に調和させるチームワークをとることが大切です。野球でいえば一塁手が絶えず二塁手の立場も見守っているといった、そういうチームワークをとることに、お互いが努力しなければいけません。そうすれば、個々の力もいいし、チームワークもいいということで、そこに生まれるところの活動力は、社会に大きなプラスをもたらします。よき仕事もでき、よりよき会社の姿につながるのです。

『道は無限にある』

7月13日　自然に、素直に叱る

それぞれの持ち味に応じて自然に叱る。作為をもって叱ることは、厳に慎みたい。

僕のことをいえば、大体叱る時は無我夢中でしたよ。心して叱るとか意識して叱るということは滅多になかったですな。また、心して叱っていたのでは、相手は少しもこたえんですわ、本当は……。だからストレートに叱る。

しかし、これは僕なりの叱り方であって、それが必ずしも最善だとはいえないでしょうな。人によってそれぞれ持ち味が違うのですからね。すると、結局はその人その人の持ち味で叱るということが非常に大切になってくる。ただ、この際、注意しなくてはならないのは、作為をもって叱る、さらにいえば私心というか邪心をもって叱る、これだけは厳に慎《つつし》まんといかんでしょうな。やはり自然というか素直でなくてはならない。

まあ、よほどの叱り上手《じょうず》であれば、こういう場合はこうして叱るとか、あの場合にはこうだとか、初めから想定して叱れるかもしれませんが、その場合でも、何らかの作為があってはいけないと思うのです。いずれにしても、素直に叱るということがやはりいちばん大切なのではないでしょうかね。

『PHP』昭和53年5月号

上司が部下の言葉によく耳を傾けると、部下は自主的にものを考えるようになる。

二人の上司がいる。能力的にはどちらも同じぐらいである。ところが、一人のほうの下では部下がよく育ち、生き生きと仕事をしている。けれども、もう一人のところでは、何となく人が育たない。何かしら活気がない。そういう姿は、しばしば見かけることではないかと思う。同じような力をもち、同じように熱心に仕事をしていながら、その下で人が育つ人と育ちにくい人とがある。一方はいわば人を使える人であり、もう一方は人を使えない人ということになる。

そういう違いがどこから出てくるかについてはいろいろあるが、その大きな一つとして、部下の言葉に耳を傾けるかどうかということがあるように思う。日頃部下の言うことをよく聞く人のところでは比較的人が育っている。それに対して、あまり耳を傾けない人の下では人が育ちにくい。そういう傾向があるように思われる。

なぜそうなるかというと、やはり部下の言葉に耳を傾けることによって、部下が自主的にものを考えるようになり、そのことがその人を成長させるのだと思う。

『事業は人なり』

7月15日　相談的に

命令的に言うのでなく、相談的にやるようにする。

なるべく相談的にやることが大事だと思う。つまり、ただ「こうしてくれ」と言うのでなく、「こういうことをしようと思うが、君どう思うか」、あるいは「君やってくれるか」という具合にするわけである。そうすれば部下のほうも「私も賛成です。ぜひやりましょう」と言う場合もあるだろうし、「大変結構なことだと思いますが、このところはこうしたらどうでしょう」というように意見を言う場合もあると思う。そのように部下の意見が加わることによって、さらによりよいものができるかもしれない。また、「よろしゅうございます」という場合でも、相談的に言われたのであれば、そこに部下としての判断が加わるから自主的にそれに取り組むということになると思う。それをただ命令的に言ったのでは、いわゆる〝命《めい》これに従う〟ということになってしまう。そういう姿で仕事をやるというのもそれはそれで一つの行き方かもしれないが、やはりそれだけでは部下の十分な成長は期待できないと思う。もちろん、それぞれの職場の事情とかいろいろあって、かたちの上では命令的になるという場合もあるだろう。しかし、そういう場合でも心の中では相談的にやるという気持ちをもつことが大切だと思う。

『事業は人なり』

7月16日　時々刻々に報告しあう

打てば響くような人間関係であれば、時々刻々に報告しあうものである。

やっぱり偉いなと思う人は、ちゃんとやっていてもキチッと報告しますわ。そうすると、こっちも「それは結構やったな」と非常に愉快になる。いい結果の場合も報告する。悪い場合にも報告する。その報告を怠《おこた》る人間はあきまへんな。打てば響くというか、以心伝心《いしんでんしん》というか、肝胆相照《かんたんあい》らす仲であれば必ず報告するものです。使いに行ったら帰って、「あれはこうでした」とか、僕の代理で行った場合でも必ず報告する。それが普通です。それをしない連中は、やっぱりいかんですな。「君、それは報告してくれよ」と言えば、最初のうちは報告に来ても、じき忘れてしまう人がいる。やはり、本人の癖でしょうな。外国の人は必ず報告しますわ。出張員でも毎日本社へ報告している。日本人は概して報告せんですね。だから、そういうことはよほど仕込まんといかんでしょうな。癖をつけんといかん。

今は各事業部長とも、僕に報告する時間がない。第一、こっちも聞く時間がない。だから、今は然《しか》るべくやってもらっているわけですが、昭和十年頃は時々刻々報告しあうことができた。こっちも聞く時間があったし、指示する余裕もあった。そういう時代が僕にとっていちばん楽しい時代でしたな。

『新版　松下幸之助経営回想録』

7月17日　人の昇進に拍手を

人の昇進や成功に素直な心で拍手を送る。そういう人を適当に処遇しない職場はない。

もう一つ、あなたに言っておきたいことがあります。それは、人間としてありがちなことであり、我々日本人にも感じられることですが、お互いに、いかにも肚《はら》が小さいのではないか、ということです。例えば、同じ職場の同期生のうちの誰かが昇進すると、それを嫉妬《しっと》する、そしてひがむということが少なくない。また反対に、失敗があると、かげで喜ぶという心の貧困な風景もあるようです。そういう妬《ねた》み、ひがみ、心の貧困さでは、それこそ昇進させるに不足な人間なのです。人間ができていない、練《ね》れていないことを公表しているようなものだと思います。

人の昇進や成功に拍手を送る素直な心をもち、日々の仕事に命懸けで打ちこむなら、そういう人に適当な処遇をしない職場は、まずないであろうというのが、私の考えです。

『若さに贈る』

7月18日　即断即行

一日の遅れが一年の遅れを生む場合もある。即断即行できる見識と機敏な実行力がほしい。

昔から「兵は神速《しんそく》を貴ぶ」という言葉もある。また「先んずれば人を制す」ともいわれる。一瞬の勝機を的確につかむかどうかに勝敗の帰趨《きすう》がかかっている場合もある。そういう時にいたずらに躊躇逡巡《ちゅうちょしゅんじゅん》していたのでは機会は永遠に去ってしまう。だから、大将たるものは、即断即行ということが極めて大事である。

これはなにも戦《いくさ》に限らず、一国の運営、会社の経営でも同じことである。情勢は刻々と移り変わっていく。だから、一日の遅れが一年の遅れを生むというような場合も少なくない。決断もせず、実行もせずといった姿で日を過ごすことは許されない。

もちろん、熟慮に熟慮を重ね、他人の意見も聞いた上で決断し、しかも極めて慎重に時間をかけて事を運ぶことが必要だという場合もあるだろう。だからそういうことは一面に十分に考慮に入れておくことは大切であるが、しかし大事にあたって即断即行できる見識と機敏な実行力は指導者に不可欠の要件だといえよう。

『指導者の条件』

1月 2月 3月 4月 5月 6月 7月 8月 9月 10月 11月 12月

いつの場合でも、自分をさらけ出し、真剣にほめる。真剣に叱る。

私は、いつの場合でも極めて真剣でした。失敗すれば血が出るわけで、毎日毎日必死で仕事をしていましたから、ほめるのも叱るのもとにかく真剣で、自分というものをそのままさらけ出していました。自分というものを化粧せずに、社員とじかに接してきたということがいえると思います。そうすることで私という人間がどういうものであるかを、社員の人がつかみやすかったでしょうし、そういう過程を通じて、多くの人が私を助けてやろうという気にもなってくれたのではないかという気がしています。

『経営のコツここなりと気づいた価値は百万両』

適切かつ公平な信賞必罰を、常日頃から、求めなければならない。

古来、何ごとによらず信賞必罰ということが極めて大切とされている。功績あればこれを賞し、過《あやま》ちあればこれを罰する。その信賞必罰が適切に行われてはじめて、集団の規律も保たれ、人々も励むようになる。いいことをしてもほめられず、よくないことをしても罰せられないとなったら、人間は勝手気ままにしたい放題をして、規律も秩序もメチャメチャになってしまうだろう。

だから、信賞必罰ということはぜひとも行われなくてはならないし、またそれは適切、公平になされなくてはならない。賞するにせよ罰するにせよ、軽すぎては効果が薄く、重すぎてもかえって逆効果ということになり、まことに難しいものである。信賞必罰が適切にできれば、それだけで指導者たりうるといってもいいくらいである。

したがって指導者は、常日頃から十分心して、適切な信賞必罰というものを求めなくてはいけない。そして、その際大事なのはやはり私情をさしはさまないということだろう。私情が入っては、どうしても万人を納得させる賞罰はできない。

『指導者の条件』

7月21日　欠点を知ってもらう

ありのままの自分を皆に知ってもらう。欠点をカバーする知恵を提供してもらう。

例えば、私は学問をあまりしていないから、知らないことがたくさんある。それで、入ったばかりの新入社員にでも「君、何々という言葉があるが、あれはどういう意味や」といったように聞くわけである。そうすると、向こうはたいてい皆私よりは学問をしているから、「それはこういうことです」と教えてくれる。「なんや、大将はこんなことも知りまへんのか」とは誰も言わない。

もし私が「こんなことを聞いたら体裁《ていさい》が悪い」などと考えて、わからないことでも聞かずにそのままにしておいたら、誰も教えてくれなかったろう。それではみんなの知恵も生かされないし、会社も発展しなかっただろうと思う。私が、自分は知らないことがたくさんあるということをありのままにみんなに知ってもらったから、そうした欠点をカバーするために皆がもてる知識や知恵を提供してくれ、そこから成果が生まれてきたのだと思う。

『事業は人なり』

悪い情報を出しやすい雰囲気をつくる。そうして真実を知り、必要な手を打つ。

こんな問題がある、ここはこうしなくてはいけない、といったことがあれば、それについてはいろいろな手を打たなければいけない。それが指導者の耳に入ってこないというのでは、必要な手も打てなくなってしまう。

ところが、実際には、そういう悪いことはなかなか伝わってこないものである。誰でも悪いことよりいいことを聞くほうがいいのが人情である。いいことを聞けば喜ぶが、悪いことを聞けば不愉快になり、機嫌も悪くなる。だから、いきおい皆もいい話しかもってこなくなり、真実がわからなくなってしまいがちなのが世の常である。

徳川家康は、主君に対する諫言《かんげん》は一番槍《やり》よりも値うちがあるといっている。一番槍は昔の武士にとって最高の名誉とされたが、それ以上の価値があるというわけである。言い換えれば、諫言というものは、それほど貴重でかつ難しいものだということになる。

だから、指導者はできるだけそうした諫言なり悪い情報を求め、皆がそれを出しやすいような雰囲気をつくらなくてはいけない。

『指導者の条件』

7月23日　心配引き受け係

上司が部下の心配を引き受けることで、部下は安心して仕事ができる。成果もあがる。

見方によっては、上司というのは〝心配引き受け係〟のようなものではないかと思う。下の人が安心して仕事ができるように、「なんだ君、そんなことで悩んでいるのか。そういうことは僕が心配するから、君は思い切ってやりたまえ」と言って、その心配を一手に引き受けてやる。そうすれば仕事のほうは下の人がどんどんやって、おのずと成果もあがるだろう。

ある意味では、上司というのはそのためにあるのであり、社長というのは心配引き受け、悩み解消の総本山のようなものだともいえる。だから下の人は遠慮なしに自分の悩みや心配事を相談したらいい。そして、それによって心おきなく仕事に専心するということが実際においては大切だと思う。

『事業は人なり』

7月24日　社長を使う

社長や上司を積極的に使う。そうして会社は発展していく。

例えば、仕入れの人が「大将一つお願いがあるんですが……」とやってくる。その時分は町工場だから〝社長〟とは言わずに、みんな私のことを〝大将、大将〟と呼んでいた。それで「なんや」と聞くと、「実は今あそこの工場とこういうように交渉しているんです。大体話が九〇%までいってるんですが、大将一ぺん顔出してくださいい。話のほうは私がここまで進めてますから、大将は礼さえ言ってもろうたら、あとはうまくまとまります」と言う。それで私も「そうか、それは結構やな。よっしゃ」と、その人と一緒に先方に行って、「いや、この人から話聞いて、あなたが非常に勉強してくださっているということで、まことに感謝しております。松下電器が将来大きゅうなれば、あなたのほうへの注文もそれだけ大きゅうなりますし、どうかひとつよろしゅう頼んます」と、あいさつする。先方も「それじゃあ、そうしましょう」ということで、話がまとまる。

そういうことが、仕入れの面だけでなく、営業の面でも、その他の面でもたくさんあった。そのようにみんなが私をどんどん使って積極的にやってくれた。それで会社も急速に発展してきたわけである。

『事業は人なり』

“やれば必ずできる”と力強く訴えてこそ、知恵が集まり、よりよいものが生み出される。

責任者ができないと思ったならば、できるものでもなかなかできません。しかし、責任者が〝これはやれば必ずできるぞ〟という考えに立ち、十人なら十人いる部下を集めて、「これは、こういうことでやりたいと思う。諸君、やってくれるか。私はやれると思うから、諸君もぜひ力を尽くしてほしい。諸君が協力してくれるなら、自分が先頭に立ってやるから」と力強く訴える。そうなれば部下も「大いにやりましょう」ということになってきて、ついにはそれが実現できるものです。

もちろん、その場合、目指す目標がいわゆる理《り》にかなったもの、道にかなったものでなければなりませんが、そうである限りは、すべてが予期した通りにいくということはなかなか難しいにしても、ややそれに近い情勢は、必ず生み出していけるものだと思います。私自身も、これまで概《おおむ》ね、そういうやり方をしてきましたが、責任者のそうした呼びかけ、訴えがあれば、そこに社員全員の衆知《しゅうち》というものが集まって、全員の知恵で新しいものが発見され、製造なり技術においても、販売法についても、あるいは経営の仕方そのものについても、より新しくよりよいものが生み出されてくるものです。

『社員心得帖』

7月26日　叱った時間に授業料

時間は貴重なものである。お金と同じ価値がある。

先頃、うちの会社によそから新しい社員が入ってきた。「君、松下に入って何か感ずるところがあるだろう。その感ずるところを話してくれ」「これこれです」「それだけか」「そうです。これこれであきまへんか」「私は君にひとつ忌憚《きたん》なく話をしよう。君の今の答弁は五十点や。私は少なくとも七十点感じてほしかった」

そう言っていろいろと叱咤《しった》もし、意見も述べて、そのあとで手を差し出した。向こうさんはさんざん叱られたあとで、何ごとだと思って、私の手を見ている。「のせてんか」「なんでんね」「五千円の授業料をのせてんか。わしが最前から貴重な時間を二十分もさいて、君と話してるのや。五千円払《はろ》うても価値のあることや。まあ今日《きょう》は負けとくわ」

そこでピンと来るものがある。これは効果があった。

『仕事の夢 暮しの夢』

7月27日　小事と大事

小さな失敗は、厳しく叱る。大きな失敗は、これからの発展の資とする。

普通であれば、大きな失敗を厳しく叱り、小さな失敗は軽く注意するということになろう。しかし、考えてみると、大きな失敗というものはたいがい本人も十分に考え、一所懸命やった上でするものである。だから、そういう場合には、むしろ「君、そんなことで心配したらいかん」と一面に励ましつつ、失敗の原因がどこにあったのかをともどもに研究して、それを今後に生かしていくことが大事ではないかと思う。

それに対して、小さな失敗や過《あやま》ちは、概《おおむ》ね本人の不注意なり、気のゆるみから起こってくるし、本人もそれに気がつかない場合が多い。そして、千丈《せんじょう》の堤《つつみ》も蟻《あり》の一穴《いっけつ》から崩れるのたとえ通り、そうした小さな失敗や過ちの中に、将来に対する大きな禍根《かこん》がひそんでいることもないとはいえない。

だから、小事にとらわれて大事を忘れてはならないが、小さな失敗は厳しく叱り、大きな失敗に対してはむしろこれを発展の資として研究していくということも、一面には必要ではないかと思う。

『指導者の条件』

7月28日　悩みを認める

一つくらい悩みがあったほうがいい。そのおかげで、注意深さが生まれる。

私は、悩みが一つくらいあってもいいではないかと思っている。むしろ悩みが一つあるということは、人間にとって大事なことではないかと考えている。これは、別に無理にそう考えているのではない。無理にそう考えても、自分が苦しむだけである。私は本当にそう考えている。

なぜかというと、常に何か気にかかる一つのことがあれば、それがあるために大きな過《あやま》ちがなくなる。注意深くなるからである。心がいつも活動しているから、油断しない心になるのである。反対に、何も悩みがなく、喜びのままにやっていくという姿では、そこにおのずとゆるみが出る。そのゆるみが、過ちにつながり、結局マイナスをもたらしかねない。そういう実例は世に多いのではなかろうか。

だから、一つの悩みをもつことは、むしろプラスにつながる場合が多い。したがって、その一つの悩みからも逃げようとは考えない。それはそれとして認めて、どうそれと取り組んでいくかを考える。私は、そういう姿にこそ、人生の生きがいというものがあるのではないかと思っている。

『人を活かす経営』

1月 2月 3月 4月 5月 6月 7月 8月 9月 10月 11月 12月

7月29日　心と体の健康管理

健康管理も仕事のうち。日々心を躍らせて、仕事に熱中したい。

趣味やスポーツなどでよく経験することですが、それに熱中し、楽しんでいる時は、他人から見ればずいぶん疲れるだろうと思われる場合でも、本人はむしろ爽快《そうかい》さを覚えていることがあります。心が躍《おど》っているから疲れない。あるいは疲れても、それを疲れと感じないわけです。仕事の場合もそれと同じことで、仕事に命を懸けるというほどに熱意をもって打ちこんでいる人は、少々忙しくても、時に徹夜などをしても、そう疲れもせず、病気もしません。反対に、何となく面白くないというような気分で仕事をしていると、その心のすきに病気が入りこんでくる。そんなことをよく見聞きします。

もちろん人間の体力には、やはり限度があります。いくら心が躍って疲れを知らないという人でも、あまり度を過ごせば、過労に陥ることにもなりかねませんから、そのへんの注意は当然必要でしょう。

いずれにしても、自分の健康管理も仕事のうちということを考え、心を躍らせて仕事に取り組むことを基本にしつつ、人それぞれのやり方で健康を大切にしていってほしいと思います。

『社員心得帖』

7月30日　人柄と魅力

人を引きつける魅力は、努力によって養い高めることもできる。

指導者に「この人のためなら……」と感じさせるような魅力があれば、期せずして人が集まり、またそのもとで懸命に働くということにもなろう。そういうものをもたずして、よき指導者となることはなかなか難しいと思う。

もっともそうはいっても、人柄といったものはある程度先天的な面もあって、誰もが身につけることは難しいかもしれない。しかし、人情の機微《きび》に通じるとか、人を大事にするとかといったことも、努力次第で一つの魅力ともなろう。また、自分自身でなく、自分の会社、自分の団体というものに何らかの魅力をもたすことでもいいと思う。

いずれにしても指導者は、そうした〝引きつける魅力〟の大切さを知り、そういうものを養い高めていくことが望ましいと思う。

『指導者の条件』

7月31日　仕事は一人ではできない

部下を頼り、力として、ともに仕事をする。一人で仕事はできないものである。

経営者とか指導者は率先垂範《そっせんすいはん》して仕事をする責任があるが、それは基本的な心がまえの上での話である。仕事は一人ではできない。一度に四方八方へ目を配ることもできない。それゆえに部下の人たちに、それぞれの責任でそれぞれの立場で仕事をしてもらう必要があるのである。それには部下をいたわり、鞭撻《べんたつ》し、彼らが仕事ができるように力を与えるという態度が経営者の立場にある人たちには望ましい。こういう経営者は、時に仕事の上で行きづまるようなことがあったとしても、必ずや部下から適切な助言を得ることができると思う。

私は先だってある社長に会ったが、その社長は、学識もあり、体力も十分であり、時代感覚ももっているのであるが、それにもかかわらず、会社は比較的うまくいっていないのである。その社長は自分の力のみで判断し、仕事をするという人であったのである。これに反して、一見田舎者《いなかもの》のように、どこかポーッとしている社長のいる会社があるが、このほうは経営がうまくいっているそうである。まことに面白いものだ。これは部下を頼り、部下を力としてともに仕事していくという態度に、衆知《しゅうち》が生きて仕事がうまくゆくのであろうと思う。

『物の見方 考え方』

人生を創るための「金言」ノート（3年分）

7月の全日分を読了後、「①どの言葉・文章が心に強く響いたか」「②それはなぜか」「③今後の行動にどう生かすか」を自問自答して、毎年、簡潔にまとめてみましょう（書き込んだ日付も忘れずに）。その記録を時折読み直し、自らの成長の糧にしましょう。

年　月　日

年　月　日

年　月　日

自得
松下幸之助

8月

マネジメントを知る

8月1日　経営力

よき経営成果を生み出すその根源は、経営力にある。

昭和五十年の十二月に松下電器がアメリカで一億ドルの転換社債を発行した際に、二大格付機関であるS&P社とムーディーズ社から、それぞれ「AA《ダブルエー》」「Aa《ダブルエー》」という非常に高い評価を受けたのです。その時に、そうした高い評価を受けた理由について、社内の会合で話題になったのです。それは、松下電器の財務内容がいいこと、業界に占める地位が高いこと、そして経営力がすぐれていること、この三つだということでした。それを聞いた時に、私はこういうことを言ったのです。「それは大変嬉《うれ》しいことだ。しかし私はその三つの順序が違っていはしないかと思う。経営力を一番にもってこなくてはいけない。というのは、経営力というものがすべてを生むのだ。財務内容とか業界での地位とかは、経営力さえ高ければ、自然によくなっていくものだ」と。

もちろん、それを話題にした人は意識的に順序をつけたわけではなく、私も冗談半分のいわば座興《ざきょう》としてそういうことを言ったのですが、しかし考え方としては、私はそれが真実だと思っています。財務内容のよさとか業界における地位の高さとかはあくまで結果にすぎず、それらを生み出す根源は経営力にあると思うのです。

『日米・経営者の発想』

8月2日　人と組織

人を中心として組織を組み立てるか。組織に適当な人材をあてはめるか。

会社の経営というものは、何と申しましても人が中心となって運営されていく。組織とかいろいろ重要な問題もございますけれども、しかし、組織はどうしても第二義的に考えられるのであって、やはり人が第一である。人を中心として組織が組み立てられていくと、こういうように目下の松下電器では考えねばならんかと思うのです。国の政治機構でありますとか、そういうようなことになりますと、政治組織、機構そういうものが先にあって、それにあてはまる人が就任されて国政をとるというようになるのでありますが、向上の途上にある今の松下電器の実情におきましては、人を中心として考えないといけないと思うのであります。

組織は、人を生かすために、適当につくっていくと、こういうように今のところは考えてよくはないか。松下電器がさらに大きな経営体になって、組織というものを中心として、それに適材をあてはめていく、というような時代も私は来るかと思います。しかし、今のところはまだそう考えてはいけない。やはり人を中心として考えていかなければならない。そういうような点で、各自の力と申しますか能力というものは、非常に重大な問題だと思うのです。

『松下幸之助発言集25』

8月3日　製品をつくるのは人

製品をつくる前に、まず人をつくる。人を求め、人を育ててこそ、事業の発展がある。

どんなに完備した組織をつくり、新しい手法を導入してみても、それを生かす人を得なければ、成果もあがらず、したがって企業の使命も果たしていくことができない。企業が社会に貢献しつつ、自らも隆々と発展していけるかどうかは、一《いつ》にかかって人にあるともいえる。だから、事業経営においては、まず何よりも、人を求め、人を育てていかなくてはならないのである。

私はまだ会社が小さい頃、従業員の人に、「お得意先に行って、『君のところは何をつくっているのか』と尋ねられたら、『松下電器は人をつくっています。電気製品もつくっていますが、その前にまず人をつくっているのです』と答えなさい」ということをよく言ったものである。いい製品をつくることが会社の使命ではあるけれども、そのためにはそれにふさわしい人をつくらなければならない。そういう人ができてくれば、おのずといいものもできるようになってくると考えていたことが、若さの気負いもあって、そのような言葉となってあらわれたのであろう。しかし、そういうことを口に出して言う言わないは別として、この考え方は私の経営に一貫しているものである。

『実践経営哲学』

8月4日　人の組みあわせの妙

平凡な人たちの集まりでも、組みあわせ次第で、非常な成果があがる。

人にはそれぞれに長所短所がある。だからその長短補いあうような組みあわせをすれば、それによってどちらもより生きてくるだろう。また、そのようにはっきりしたものでなく、何となくウマが合わないといった微妙な問題もある。もちろん、そういうものはそれぞれが努力してある程度は解消していくことが望ましいが、やはり人の組みあわせよろしきを得て、それをなくしていくということが大切であろう。実際世間にはそういう実例を見ることが多い。三人の人に仕事をさせていたが、それぞれに優秀な人なのにどうもうまくいかない。それで思い切って、その中の一人を他のところに移して二人でやらせてみたら、わずかの間《あいだ》でこれまでの倍以上の成果があがるようになり、その一人の人も、新しいところで非常な活躍をしている。そういったことが、お互いの経験の中に必ずあると思う。

立派な人、賢い人ばかりを集めたからといって必ずしも物事がうまくいくとは限らない。反対に平凡な人たちでも組みあわせよろしきを得れば、非常な成果があがる。そうした人の組みあわせの妙というものを指導者は知らなくてはならないと思う。

『指導者の条件』

8月5日　60点の実力

適任者を探すにも非常な時間と手間がかかる。だから、60点の実力がある人に任せてみる。

私の場合、この人だったら大体六〇%ぐらいいけそうだと思ったら、もう適任者として決めてしまう。そうすると、結構うまくいく場合が多い。

もちろん、何とか八〇%の可能性のある人を探そうということで、いろいろな角度から選んでそれに足る人を探せば、そういう人を探しあてることもできると思う。そして、そういう人がみつかれば、それはそれに越したことはない。しかし、そのためには非常な時間と手間がかかる。それはある意味では大きなマイナスになる。

だから、もう大体話してみて六十点の実力があるなと思ったら、「君、この仕事をやってくれ、君なら十分いけるよ」というようにしてしまうのである。そうするとたいていうまくいく。なかには百点満点というような仕事をする人もある。もちろん、全部が全部そううまくいくというわけではなく、なかには失敗する人もある。もし六人の人がいたとすれば、三人はうまくいって、二人はまあそこそこである、あとの一人が時に失敗する、というような状態が私の場合は多かったように思う。

『人を活かす経営』

8月6日　使命の達成

我々は世間から仕事を預かっている。その仕事の使命をなおざりにしてはならない。

部下を他の人にかえてでも使命の達成をはからなければならないというのが、部長の責任というものでしょう。そのためにはどうするかといえば、やはり社長なり会社の首脳者に、その実情を訴えなければなりません。「あの部下は他の部署に行けば、さらに適職を得て十二分にその能力を発揮できるようになるかもしれませんが、自分の部にいる限りは、適性を欠いていると思います。ですから、部のためにも会社のためにも、また本人のためにも、他の部署にかえていただきたいのです」という提言をしなければならないと思うのです。

ところが、そのような場合、往々にして〝そんなことを言うのは、自分が部下を使いこなせないのを示すようで、部長としての体面《たいめん》にかかわる〟とかいった人情が働き、そこまで踏み切れないということがあります。しかし、そうした人情にとらわれて、言うべきことを言わないということでは、部長としての使命感が薄い。言い換えれば、世間から預かっている大きな仕事の使命というものをなおざりにしている、ということになってしまいます。

『社員心得帖』

8月7日　意志決定を任せる

意志決定を任せていくことで、迅速かつ的確に情勢の変化に対処しやすくなる。

今日《こんにち》のように変化が激しい時代に、厳しい競争の中で仕事をしていくには、意志の即断即決ということが非常に大事だと思う。

ところが、そうなってくると、一人の人間が何もかも決定するというのでは、間に合わなくなってくる。ごく小さなところならともかく、何千人、何万人というような会社で、いちいち社長が意志決定していたのでは、いかに一つひとつの問題について即決してみても、全体としては決定が遅れて、事がスムーズに運ばないようになってしまうだろう。

だから、意志決定そのものをどんどん部下に任せていくことが大切になってくる。「大事な問題だけは僕に相談してくれ。あとは基本の方針に基づいて、君が判断して決定してくれ」というようにするわけである。そうすれば、それだけ意志決定が早くなる。さらに、その任された部長なら部長が、課長に任せていく、課長は主任に任せていく、主任は社員に任せていく、というようになっていけば、会社全体としての意志決定は非常にスムーズに進み、いろいろな情勢の変化にも迅速、的確に対処しやすくもなってくると思う。

『事業は人なり』

8月8日　明文化

力強い活動を続ける上で、規則や心得を明文化し、かみしめることも大切である。

規則も何もない、決められた事柄もないという姿で事がスムーズに運ぶならば、それは理想的ともいえよう。しかし、実際にはなかなかそうはいかない。だから、そういう理想に近づく過程においては、やはり、お互いに期するものをもち、自らを律しつつ、そして努力して目標を追求していくといった姿が望ましいであろう。そういうところにこそ、充実感も得られ、また力強い活動も生まれて、好ましい成果を得るという姿もあらわれてくるのではないだろうか。

そういう意味からいって、一つの集団、一つの会社が、好ましい姿で力強い活動を続けていくためには、やはり何らかの規則、決まり、心得といったものをはっきりと明文化して、それをお互い一人ひとりがくり返しかみしめていくことも、非常に大切なことの一つだと思うのである。

『人を活かす経営』

8月9日　集金と支払い

健全な会社は金に対して敏感・厳格である。集金も支払いもキッチリとしている。

金をルーズにすれば、何もかもがルーズになるものです。ですから健全にやっている会社なり商店は、日頃から金というものには比較的敏感で、集金についても支払いについても実によく気を配っておられるように思います。商売の大小を問わず、いい経営をやろうと思えば、やはり取引というものを厳格にやらねばいけないと思います。そういうところに、商売の大事なカナメというものがあるのです。

これはある問屋さんのことです。そのお店は、それほど大きな商売をしておられるわけではないのですが、どこも容易でない今日《こんにち》の情勢下で相当利益をあげて、しかも着実に蓄積されているのです。それでいて、小売店さんからは非常に愛され、仕入先からも深く信頼されているのですが、それというのも、日頃から集金をキッチリし、また支払いもキッチリし、ひいては取引のすべてにわたってキッチリしていたということなのです。つまり経営の姿勢というものが誠実で、そして正確であったわけです。相互の信頼というものは、結局こうした姿から生まれるのだと思いますし、商売の繁盛の原理というものも、案外こうした平凡なところにあるのではないでしょうか。難しく考えることはないと思います。

『商売心得帖』

8月10日　儲けは世間からの委託金

事業で儲けたお金の大部分は、世間からの委託金と考えたい。

目的は物資をただにすることにある。そこで利益をあげることに対する我々の考え方はこうである。我々のやる仕事は資金が要る。その資金は我々が政府をつくっておったら税金で徴収できるけれども、そういうわけにはいかないから、これは得心ずくで金を出してもらわなければいけない。得心ずくというのは収益というかたちで集めて、その集めた金は物資をただにしていくところの資金に注入していく。この儲《もう》けというものは私《わたくし》することはできない。一部は私《わたくし》することができる。その時分は個人経営であるから、法律上からいえば、儲けたものは全部自分のものであった。

しかし、私はそういう考え方から会計を別にした。前から会計は個人と別にしていたけれども、さらにそれをはっきりさせて、一部は私が使うことは許されるけれども、その大部分の金は世間からの委託金だ。法律上は俺のものであろうとも、お前の仕事をもっと増やせという委託金である。そういうふうな考え方をもって、そうして、その主旨をみんなに述べた。だからみんな感激した。

『仕事の夢 暮しの夢』

8月11日　恐ろしい安易感

経費をムダに使い、合理化を怠る。そうした安易な姿勢は、商売として恐ろしい。

商いが二カ月前に前年同期と比べて十七億円も増えている。それなのに利益が逆に少なくなっているということは、ちょっと不思議だと考えられる。一応の利益はあげたが、結局経費を余計使った。まあ、競争が激しいために割引率を大きくしたとか、あるいはまたその他いろんな競争から生まれるところの経費が余計要ったとか、いろいろ調べてみるとわかるのでありますが、しかしにっちんがっちん、結論としてこうなった。これはもう非常に商売として恐ろしいことでありまして、儲《もう》けても経費をムダ使いし、またムダ使いでなく必要な経費と思いましても、それをさらに吟味《ぎんみ》して合理化するということを怠《おこた》っていたならば、商いを余計して売上げは上がったが、純益というものは逆に減っていくというような結末が出てくるわけであります。こういうことはかつてありませんでした。

今回だけが初めてこういうふうになった。これはむろん、その大きな一半《いっぱん》の責任が私自身にあることは自覚しておりますが、しかし、もう一半の責任は、皆さんが昨年度からの一年間に、松下電器の経営状態というものがだんだんとよくなってくる、ということに対する安易感を自然にもち始めてきたことにあるのではないか。

『松下幸之助発言集25』

8月12日　借金と信用

真面目な商売、懸命な仕事ぶりが信用になる。銀行も金を貸そうということになる。

通俗的にいうと、銀行というのは金を預かるのも大きな商売だけれども、貸すのも大きな商売だ。だから商売人が絶えず物を売るお得意を探しているように、銀行でも絶えず金を貸すお得意を探している。そのお得意は貸した金をうまく利用して、儲《もう》けて、利子をつけて返してくれる、こういうお客が大事なわけだ。それを誰かが保証する――政府が保証するなり、神様が保証してくれれば、銀行は喜んで貸す。ところが政府も神様も保証しない。そこで、銀行は人間的な目で、それを探している。つまり私が金を借りられるのは、それを裏書きするものがあったわけだ。借りた金を大事に使う。だから商売を一所懸命に、真面目にやる。利潤が出る。借りた金に対して利子をつけて返す。そういうことをくり返していると、銀行はいやでも応でも貸さなければならなくなる。戦後の混沌《こんとん》とした状態の時でも、松下がこれからどうなるか予想もつかなかったけれども、戦前の仕事ぶりが一つの信用になった。あの男は戦前にこういう仕事ぶりでやっておった、戦後といえどもそう無茶なことはしないだろうということだった。その信用の範囲は、銀行である程度測定ができるわけだから、その範囲は貸そうということになる。

『仕事の夢　暮しの夢』

8月13日　資金をつくる理由

限りない生成発展に貢献していくために、企業は利益を得て、資金をつくる必要がある。

企業がこの人間の共同生活の限りない生成発展に貢献していくためには、企業自体が絶えず生成発展していかなくてはならない。つまり、常に新たな研究開発なり、設備投資というものをして、増大していく人々の求めに応じられる体制にしていかなくてはならないわけである。

ところが、そうした開発なり投資にはそれだけの資金が要る。その資金をどのようにしてつくるかということだが、これが政府がやっている事業ならば、必要なだけ税金を取るということもできよう。しかし民間の企業はそういうことはできないから、やはり、それを自らつくるしかない。そのためには利益を得て、それを蓄積していくということになる。

『実践経営哲学』

8月14日　銀行

手元に容易く金が入ることは危険である。潤滑油も多すぎると、流れてしまう。

我々の経験でいうと、銀行が容易《たやす》く金を貸してくれる場合は、大抵の人が危険に臨む。銀行が渋って渋って貸しているとうまくいく。だから銀行が金を使えという時には、よほど注意しなければならない。平生《へいぜい》間違わないでやっている人間でも、銀行が今金があいているから使ったらいいという場合には失敗することが多い。正直に要るだけの金を借りに行って、八〇％貸してくれるという状態が続いたら、その人はいちばん安全である。それを、いや、そんな金はわけないよ、といって、十億といったのに二十億貸してやるといったら、その男は心が大きくなるから、気をつけねばならない。容易く金が入ることは、非常に危険である。潤滑油も多すぎてはいけない。流れてしまう危険が多い。

『仕事の夢 暮しの夢』

8月15日　株主と経営者

株主が会社の主人公なら、経営者は会社の番頭である。

株主は、自ら会社の主人公であるということを正しく自覚、認識していなければならない。そして経営者に対して言うべきは言い、要望すべきは要望するという、主人公としての態度を毅然《きぜん》として保つことが大事ではないかと思う。たとえ少数株しかもっていない株主であっても、単に株をもって配当を受け取るというだけでなく、会社の主人公たる株主としての権威、見識をもって会社の番頭である経営者を叱咤《しった》激励する、ということも大いに望ましいと思うのである。そのようにすれば、経営者としても経営により一層真剣に取り組み、業績をあげ、利益をあげて、それを株主に十分還元しようという気持ちが強くなってくるのではないだろうか。

『PHP』昭和42年11月号

皆が汗水たらしてつくった品物。値段を自分の感情だけで決めてはならない。

「高ければ考えますけれども、大体相場であれば買ってください」、こういうように言いました。※ところが、「やはり初めて来て相場で売るというのは虫がよすぎる、だから一銭でも安くしろ」ということを強く言われる。それで、私はもっともだなという感じがして、十四銭にしようかと思ったのです。

ところが、しようかなと思ったとたんに、ふと感じたことがあったのです。その時分は二十人近い従業員がおりました。小僧さんばかりですが、初めて東京へ売りに行くということで私を送り出してくれたわけです。その人たちの顔がポッと映った。それで、十五銭で売るという品物は、自分の感情だけで値段を決めてはいけない、みんなが汗水たらしてつくってくれたものだから、その人たちの努力というものを、自分の一存で左右するということは許されない、というような感じがしたのです。それで強く私はまた頼んだのです。「まあご主人、そうおっしゃいますけれども、これは我々が一所懸命夜なべをしてつくったのです。素人《しろうと》も中にあって一所懸命つくったのだから、ひとつお願いしたい」、こういうことを頼んだのです。

『商売心得帖』

※幸之助が初めて東京に売りに行って、問屋から値切られた時の回想。

仕事を任され、燃える人たちが協力しあい、目標に向かう時、1＋1は3にも4にもなる。

生来《せいらい》、あまり丈夫なほうではなかった私は、独立して電気器具の製造を始めてからも病気がちで、寝たり起きたりの半病人のような姿で戦争の頃まで仕事にあたってきました。

ですから、自分で先頭に立ってあれこれやりたいと思っても、なかなか思うようになりません。そこで、いきおい、然《しか》るべき部下の人に任せてやってもらうことが多かったのです。また任せるについても自分がそのような状態でしたから、中途半端に任せるのではなく、「大事なことだけ僕に相談してくれ。あとは君がいいと思うようにやってくれ」というように思い切って任せざるをえなかったのです。しかし、任されたほうは「大将が病気で寝ているのだから、任された自分がしっかりやらなければならない」と大いに発奮し、十二分の力を発揮してくれました。しかも、そのように燃えている人たちが、自らの力を存分に発揮しつつ、一つの目標に向かって他の人と協力していくことによって、一プラス一の力が三にも四にもなるという姿が生まれ、組織としても大きなことができたということが、度々《たびたび》ありました。

『人生心得帖』

なぜ初段の商品を二段に、さらに三段、四段にしようとしないのか。

どこの会社でもそうだと思いますが、やはり研究部、開発部というようなところにいる人は、その道の達人といわれる人です。そういった人が研究し開発して、ようやく一つの商品ができるわけです。ですからその商品は最初から売り物になるものです。碁や将棋にたとえると、初段の資格があるものだと思います。一人前の商品だということになって、一応は売れていくわけです。

しかし、一応は売れていくからこれは商売になる、といって事をすませていていいのかどうか、ということです。現在ではそれで事をすませている傾向がやや多いのではないか、という感じがします。単に売れているからそれでいいと考えてはいけない、ということを私は改めて言いたいのです。なぜ初段のものを今度は二段にしようと考えないのか。そしてさらにそれを三段にする、四段にすることによって名人にまでもっていく。そういうことを絶えず考えていく必要があるのではないかと思います。

『松風』昭和51年5月号

8月19日　能力の集中と分散

人間の能力には限度がある。能力の分散は、それぞれの仕事を粗雑化してしまう。

およそ人間の能力には限度があるのであって、多方面を一人が兼ねて担当するということは、能力を分散し、結局そのいずれをも粗雑化してしまい、精緻《せいち》にして完璧な、高度の専門的な運営効果は期しえないと思う。

先日、灯器製造所の支配人にも、多種の製品種目は廃して、探見《たんけん》※、小型電灯の二つを徹底してやってもらいたいと言ったが、彼は、「私は他のものもやりたいが」との話である。そこで私は、「それはやめてくれ。研究することはよいが、今は二種にとどめてほしい。ただしそれを世界的なる商品たらしめてもらいたい。全精力を一品に集中し、鍍金《めっき》を担当する者は、いかにすれば堅牢《けんろう》な光沢《こうたく》よきものができるかと、設備操作に工夫と創意を凝《こ》らし、ケースをつくる人は、常に優美と機能の向上に、圧延《あつえん》絞り加工いかんと、絶えざる検討を加えて、どの部分を見ても世界最高水準品としてほしい。種類は十分の一であっても、世界の人から愛される優秀性能により、それらを合わせた生産額をはるかに上まわる数字を、探見電灯一つで獲得できることは、何と素晴らしいことではないか」と話したので、「わかりました」と言ってくれた。

『松下幸之助発言集22』

※懐中電灯の種類の一つ。探見電灯のこと。

8月20日　マイナスの戦力

戦力としてマイナスになる人も抱える。あらかじめその覚悟をしておく。

私は体験上、人を使う場合には、次のようなことをしっかりと心にとどめておくことが大切だと考えている。

それは、人を十人使ったら、その中にはいつも反対し、邪魔になる人が大体一人はいるものだ、ということである。言ってみればプラスにならずむしろマイナスで、採用しないほうがよかったという人間がいる。そして、さらに二人ぐらいはいてもいなくてもいい人間がいる。要するに、十人の人を使うとなると、そのうちの三人は、会社の戦力としてプラスにならない。にもかかわらず、そういう人をも抱えていくのだということを最初から覚悟しておく必要があると思う。

だから二十人の人を抱えた会社であれば、二人ぐらいはいつも邪魔したりして、マイナスになる。悪意をもって邪魔するのかどうかは別にして、結果としてどうも邪魔される。そのぐらいのことをあらかじめ覚悟して経営なり商売をしないことには、ついつい愚痴《ぐち》が出たり、仕事への意欲をそがれたりすることになってしまう。

『松下幸之助 経営語録』

8月21日　力の範囲

会社の実力の範囲で経営をする。自身の経営力の範囲で経営をする。

業容を拡大し、会社の規模を発展させていく場合には、やはり技術力、資金力、販売力などを含めた会社の総合実力というものを的確に把握し、その力の範囲でやっていく。そしてその場合、経営者にとって特に大事なのは、自分を含めた会社の経営陣の経営力に対する認識であろう。

私は長年の事業の体験の中で、数多くの取引先を見てきた。その中には、最初は経営が非常にうまくいっているのに、業容を拡大していくにつれて成果があがらないというところが出てくる。そういう場合に、思い切ってその商売を二つなら二つに分け、もとの経営者の人はその一つを見て、もう一方は然《しか》るべき幹部を選んで全面的に経営を任せるというようにすると、その二つともが順調に発展していくようになることが多い。結局それは、その経営者の経営力の問題である。五十人の人を使うくらいまでは十分やっていけるが、だんだん発展して百人を使うようになると、それだけの能力はないということで、かえって業績があがらなくなってくる。それで会社を二つに分け、その一つを見るということにすれば、自分の力の範囲で十分やっていけるから、再びうまくいくようになってくるわけである。

『実践経営哲学』

8月22日　かけひきなしの交渉

できる限り、平易にものを見る。交渉事も、かけひきなしで臨む。

私は日頃から、できるだけ難しくものを見ないように、言い換えれば、なるべく平易にものを見るように、と心がけている。それはどういうことかというと、例えば交渉事であれば、かけひきも何もなしにこれに臨むということである。つまり、十のものは十、五のものは五とありのままに相手に説明し、五のものをまず初めは六と言っておいて、あとで譲歩して五にするといった行き方はとらないようにするのである。

もちろん交渉のテクニックというか技術という点からいくと、やはり五のものは六と言っておいて、あとで話しあいの中で五に決める、というほうが話が早いという見方もある。しかし私は、そういう行き方は、ものを難しく見ることになると考えている。だから、私の場合は、初めから五は五ということで相手に対する。要するにありのままの姿を相手に見てもらうというつもりで話をするのである。そうすると、そのようなやり方で話がうまくいく場合もあれば、うまくいかない場合もある。けれども、そのどちらが多いかというと、うまくいく場合のほうが多い。

『人を活かす経営』

8月23日　ポストと実力

経験を積んだベテランだからといって、そのポストで実力を発揮できるとは限らない。

　ある会社、あるいはまた、ある事業部といっていいと思うのですが、その事業部なり、一つの会社が、どうもうまくいかないという場合の話です。その首脳者は誰かというと、それは五十歳の経験者である。しかも相当のベテランである。にもかかわらず、もうひとつうまくいかない。そういうような場合に、何かの機会でその人がかわり、そして四十歳前後の若い、いわゆる新知識といいますか、そういう信念に燃えているような人が、たまたまそのあとを継がされる。そのような場合、見違えるほど、その会社はよくなり、また見違えるほど、その事業部はよくなるということを、実際に私は体験しています。

　ですから、その部なり、その会社の業績というものは、初めてその人がポストに立ち、そして実力を発揮することによって、すっかり変わってきたということです。いわゆるすっかり変わるということは、これは実力の差ということです。しかし若い人にはそういう実力というものは、若い人だからないともいえないし、また——だから、もっているともいえないし、経験を積んだ年齢のいった人が、必ずしも実力をもっているともいえません。ここが非常に面白いところです。

『繁栄のための考え方』

8月24日　会社の分に応じた人材

人材は優秀すぎても困ることがある。会社の分に応じた人材がいいのである。

私の経験からいうのであるが、人は、その会社にふさわしい状態において集めるべきだと思う。あまり優秀すぎても、時として困ることがある。こんなつまらん会社がと思われるより、この会社は結構いい会社じゃないかといって働いてくれる人のほうがありがたい。分に応じた会社に、分に応じた人材ということでいいのであって、あまり優秀すぎる人を集めすぎても、かえってよくない場合があることを心したいものである。

『松下幸之助　経営語録』

1月 2月 3月 4月 5月 6月 7月 8月 9月 10月 11月 12月

8月25日　情報を生かす

集めた情報に的確に対応できるか。
情報化の推進には経営力が欠かせない。

例えば「情報化の推進」ということは、これからの時代にあっては欠かすことのできないものでしょう。しかし、いかに情報を集めても、それに的確に対応できる経営力がなくては、その情報も無に等しいし、場合によっては、情報化でなく情報禍《か》というようなことにもなりかねません。

『日米・経営者の発想』

8月26日　覚醒させる役割

経営規模が大きくなるにつれて、健全さを覚醒させる役割が重要になる。

事業を経営する上において、会社が小さい間《あいだ》は、製造と販売に重要度をおいてゆくのは当然であるが、経営規模が大きくなるにつれて、製造、販売の面ももちろん大切ではあるが、それ以上に人事と経理が重要になってくる。経理部がしっかりしていると、経理を通じて経理部自身の内部も批判されるし、製造も販売も、これによって覚醒されるわけである。それは収益の内容を見てもいろいろの場合があって、同じ利益をあげるにしても、こういう利益のあげ方は、この会社としては適当ではないとか、あるいは利益のあげ方が当然その三倍ぐらいはあげられるはずであるのに、それが半分しかあがっていない。ところが担当者は相当の利益があがっているから、これでよいと考えてしまう。それで大いに得々としている場合もある。

これは見方によっては欠損しているのと同じである。一億円利益をあげられるところを五千万円しか儲《もう》けていないから五千万円損をしているということになる。それを覚醒させる役割をもつところがなくてはならない。これを経理部が実際の数字の上からいう、あるいは重役会がいう、ということが起こらなければ、健全な経営は行われないものである。ここに事業発展の一つの基礎があると考えている。

『物の見方 考え方』

8月27日　給料全額返上

責任の自覚、責任の完遂に対する信賞必罰が必要である。

私は本年初頭に※、自ら率先垂範《そっせんすいはん》をしようと無遅刻無欠勤を決意して、一月四日、阪急梅田駅に降り立った。自動車で迎えに来るからという約束だったが、一向に自動車が来ず電車に乗った。ところが発車寸前、自動車の来るのが見えたので急いでとび降りて会社へ急いだが、ついに間に合わず十分遅れた。意義あるこの復興初年を、一貫すべき念願を身をもって示したかったことが、劈頭《へきとう》に蹉跌《さてつ》をきたしてしまった。原因を聞くと、不可抗力でない些細《ささい》な不注意からである。これは、待ち望んでいる社員諸君に対し、また会社に対しまことに相済《あい》まず、責任を負わねばならぬと痛感した。そこで私は、担任者八人に一カ月の減俸を命じ、また社長たる自分も、監督不行届きのゆえをもって当月の給料全額を返上することを、朝会で発表し謝《しゃ》したのである。

責任の自覚によってのみ、仕事が達成せられうると考えるのである。責任の完遂により伝統の勤労意欲を復活し、これにより生産が高揚されることを自覚し、諸君は責任遂行と信賞必罰のことをよく理解してもらいたいのである。

『松下幸之助発言集22』

※太平洋戦争終戦の翌年（昭和21年）のこと。

8月28日　生産半減と徹底販売

人員半減でなく、生産半減で資金を浮かす。時節を待ちつつ、徹底して在庫を売る。

その時※、どういうようにして切り抜けたものだろうかと、私は考えました。やはり人員を半減するか、あるいは新しい借金をして仕事を継続していくか、どちらかしかない。しかし借金は絶対できません。銀行がどんどん倒れていくのですから、銀行は金を貸しません。そうすると、生産を半減しなければならない。しかし生産を少なくすると人が余るという、私としては初めての難関にぶつかったのです。

その時の結論は、生産を半減して、そして資金を浮かそう。しかし、せっかく相《あい》寄った従業員を一人でも減らすことはまことに残念である。だから工員さんは半日勤務にして、半日は休んでもらう。しかし給料は全額さしあげる。そして時節を待とう。こうすれば、金が不足しているのが少しでも助かってくる、こういうようにしたのです。しかし店員といっていた人、今でいったら営業社員ですが、この人たちは休みなし。日曜も休みなし。とにかく徹底的に売ろうじゃないか、ということを話しました。そうしますと、全部の店員さんが、「それは結構なことだ。我々店員は休みを返上して日曜でも売りに行こう」と言ったのです。それで馬力をかけたところが二カ月すると、倉庫にいっぱい詰まっていた在庫商品がなくなりました。

『社員稼業』

※昭和4年の大恐慌。

8月29日　危険なのは社長

労働組合が会社を潰すのではない。危険なのは、社長や忠実な番頭である。

私は、六十年以上にわたる商売の経験を通じて、どういうところが栄え、どういうところが潰《つぶ》れたか、いやというほど見てきたが、この店は危ないな、と思うと、大体がその通りになった。

例えば、従業員が三百人なら三百人の会社があるとする。それを何とか大きくしていきたいと社長や忠実な番頭さんが願っている。ところが皮肉なことに、そういう意志があっても、会社を発展させないようにしているのが、その社長であり、忠実な番頭さんである場合が多いものだ。労働組合が会社を潰すとよくいわれるが、労働組合が何をやっても、会社は滅多に潰れるものではない。組合でも、賃金を一挙に二倍にも三倍にもしてくれというわけではない。けれども、もし社長が、ちょっと見積もりを誤ったら、パーッと百億円ぐらいは簡単に損してしまうのが企業というものである。だから、会社にとっていちばん危険なのは、社長だということになる。

『松下幸之助 経営語録』

一人の人が適所に立てば、全体が繁栄する。適材を、年功序列によって葬ってはいけない。

仏教の言葉に「一人《いちにん》出家すれば九族《きゅうぞく》天に生ず」というのがあります。つまり、一人の人が出家すると、親兄弟はいうに及ばず、その一門は天に昇るというか、皆極楽往生《おうじょう》ができるということでしょう。それとこれとは違うかもしれませんが、しかし一人の人が適所に立てば、そのグループ全体が繁栄することは、間違いのない事実です。

日本では年功序列的に人事を行うことが多いようです。これはこれとして捨てがたい情味《じょうみ》がありますから、全面的に排斥《はいせき》する必要はありませんが、そのよさを生かしていく反面、それにとらわれて適材を葬《ほうむ》ってしまうことがあってはならないと思います。以前、ある会社が行きづまった時に、私どもに経営を頼みに来られたことがありました。少し義理合いもありましたので、お引き受けすることにして、まだ四十歳にならない若い人に、その会社の経営を担当してもらいました。ところが、それを転機にして、その会社は見違えるようによくなり、長年欠損を続け無配であったものが、製品はよくなるし、利益もあがるし、二回増資しても配当を増やすような状態になったのです。

『経営心得帖』

8月31日　“雨が降れば傘をさす”経営

集金に全力を注いでもなお資金が要る。その時に初めて借金をするべきである。

雨が降れば傘をさすというようなことは誰でも知っています。傘もささずに濡《ぬ》れ放題というのは、よほど奇矯《ききょう》の人でもなければやりません。ところが、商売や経営のこととなりますと、これがなかなか当たり前にはいかなくなります。私心にとらわれて判断を誤り、傘もささずに歩き出すようなことを、しばしばしがちです。

例えば、激しい競争に負けてはならないということから百円で仕入れたものを九十五円で売るとか、集金をキッチリせず、相手先からいわれるままに回収を延ばしておきながら、他から新たに資金を借りようとすることなどが、実際によく見受けられます。そういうことではうまくいくはずがありません。やはり利益をあげるためには仕入値以上の価格で売る。また借金をする前に、まず集金に全力を注ぐのが本当で、それでもなお資金が要る時に、初めて他から借りるべきでしょう。それが雨が降れば傘をさす、天地自然の理《り》に従った姿です。

言葉に表してしまうと極めて簡単で、当たり前のことのように思われますが、この至極簡単、当たり前のことを適時適切に実行するというところにこそ、商売なり経営の秘訣《ひけつ》があるといえるのではないでしょうか。

『経営のコツここなりと気づいた価値は百万両』

人生を創るための「金言」ノート（3年分）

8月の全日分を読了後、「①どの言葉・文章が心に強く響いたか」「②それはなぜか」「③今後の行動にどう生かすか」を自問自答して、毎年、簡潔にまとめてみましょう（書き込んだ日付も忘れずに）。
その記録を時折読み直し、自らの成長の糧にしましょう。

年　月　日

年　月　日

年　月　日

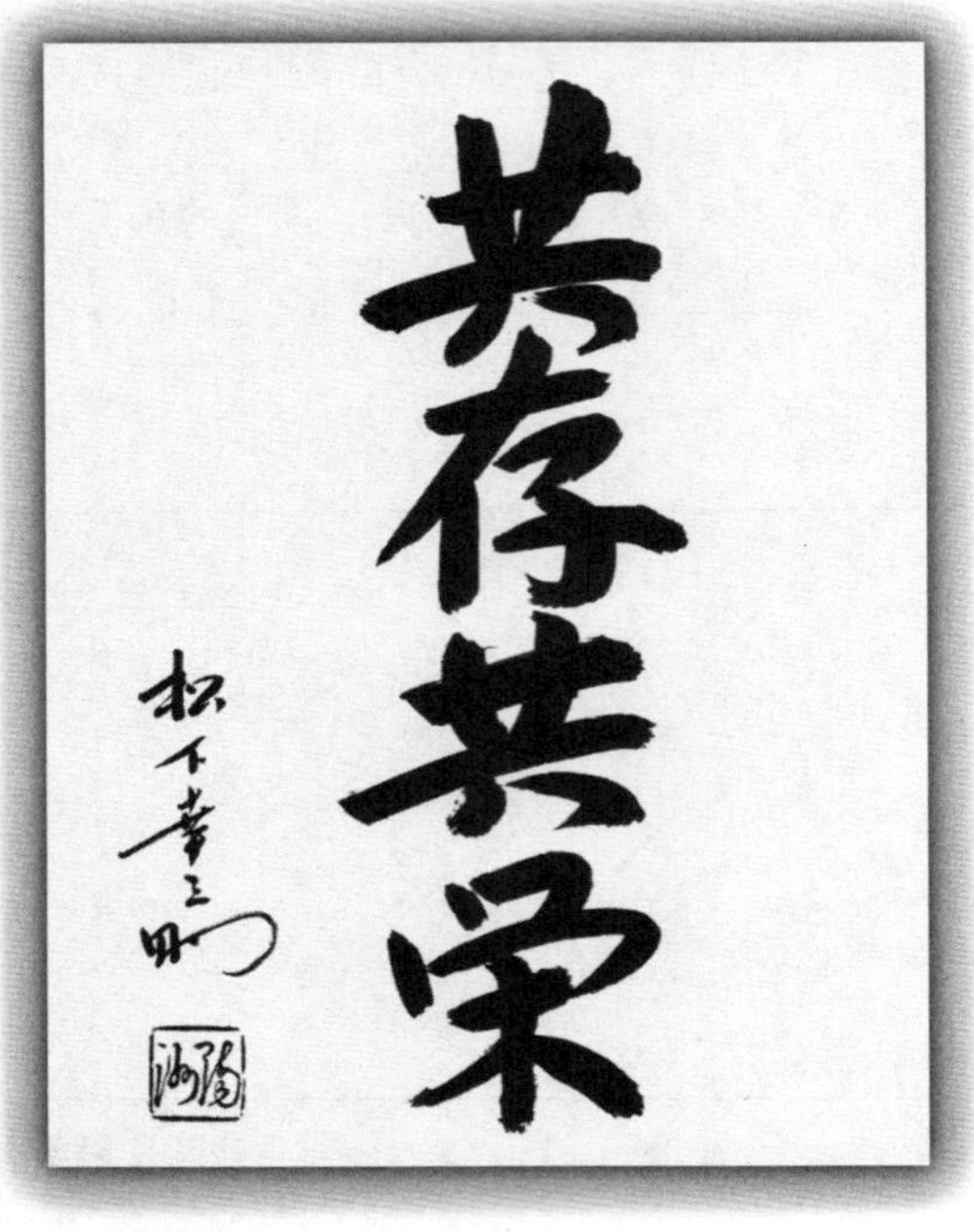
共存共栄
松下幸之助

9月

経営者になる

9月1日　尺取虫の覚悟

毎年儲かることは難しい。その覚悟をもてば、一年損をしても慌てない。知恵も出てくる。

一昨々年《さきおととし》儲《もう》かり、一昨年《おととし》儲かり、去年も儲かった。そして、今年も儲ければまことに結構だ。しかし世の中はそうはいかない。

つまり三年も儲かったら、その明けの年もまた儲かるかというと、なかなかそうは儲かるものじゃない。三年儲かったから、その一年分を返す。こういう考えでやるとよろしい。その肚《はら》ができておれば、この際何も驚く必要はない。一年分返しても、まだ二年分残る。尺取虫は二寸行って一寸戻る。これはいいことだ。三年儲けて、なお四年目も儲けるというのは、尺取虫が伸び切って、あとに戻れなくなった時だ。これは死ぬ時だ。死ぬほうがいいか、一年分返して生き残るほうがいいか。それは、今、損するほうがいいに決まっている。そして翌年また儲ける、その次の年また儲けるということを、この際考えなければならぬ。

そう考えれば、悩みがなくなる。だから、慌《あわ》てない。慌てないから、気を楽に物事ができる。すると知恵が出るから、あるいは四年目も続けて儲けるということもある。しかし、それはなかなか難しいから、この際一年分返すという、尺取虫の覚悟でやらなければいけません。

『仕事の夢 暮しの夢』

9月2日　心配を背負う

社員の心配を背負い、眠れない。経営者としての生きがいがそこにある。

社長というものは、社員が一万人いれば一万人の心配を背負っていくものです。ですから、心配で夜も眠れないという時もあります。眠れないから辛《つら》い、苦しい。しかしその辛いところが社長の生きがいである。社長が心配しないでのんびりやれる会社などありえない。眠れなかったり、煩悶《はんもん》したりしている姿こそ社長の姿で、そこに社長としての生きがいがある。そういう考え方に立つことが、今日《こんにち》の経営者には求められているのではないでしょうか。

『経営のコツここなりと気づいた価値は百万両』

9月3日　一心不乱の率先垂範

誰よりも働く。一心不乱に働く。本当に真剣な姿は心を動かす。人を動かす。

絶えず何か問題を起こす人がいて、ある程度の負担というか、多少足を引っ張られることは、最初から覚悟してかかることが大事だと思います。

そういう覚悟に立った上で、あとはやはり、こうしたらいい、ということを身をもって示すことです。誰よりも早く起き、誰よりも遅くまで働く。やはり経営者自身が身をもって示すことが第一です。ああすればこうなるとか、こうすれば社員はどう動くかといった意図的なことに神経を使うよりも、まず自分が一心不乱にやることです。

一心不乱にやる。そうすると、まわりもただ見てばかりはいないものです。一心不乱という本当に真剣な姿を見ていると、そこには必ず教えられるもの、心を動かされるものが出てきて、まわりの人々は、いちいち言わなくても手伝うし、働くようになる。私は、小企業の経験も、中企業、大企業の経験もしてきましたが、主人公の率先垂範《そっせんすいはん》が第一ということは、全く企業の大小を問わず、共通にいえることだと思います。

『経営のコツここなりと気づいた価値は百万両』

9月4日　初めに言葉あり

経営者は最初に発想しなければならない。それを言葉にして目標を示す責務もある。

私としては話をするだけで、あとは社員の人がやってくれたわけで、楽といえばこんな楽なことはない。ただ大事なことは、最初にそういう話をするということである。つまり「初めに言葉あり」である。その言葉を全員が受けて、しからばそれをどう具体的にやっていくかということを、それぞれの担当の仕事において考え、実行してきた。そして一年なり五年なりたつと、その言葉通りになっていたということである。

だから、経営者、指導者の人はまず初めに言葉をもたなくてはならない。言い換えれば、一つの発想をし、目標を皆に示すということである。あとの具体的なことは皆に考えてもらえばいい。しかし最初の発想は、自らやらなくてはいけないと思う。

『経済談義』

9月5日　目標を示す

その時々に目標を示す。その上で、働く人をねぎらい、励ます。

私はただその時々に目標を示しただけである。「これは私がやるわけではない。やるのは皆さんですよ。私は目標だけを示します。あとは皆さんで、どういうふうにやったらいいかを考えてやってください」ということになる。そして、実際、あとは私が特別に何かしなくても、皆が考えてやってくれた。だから私は、それに対して心の中でお茶をくみつつ、ねぎらったり励ましたりしていただけである。

結局大事なことは、目標を与えることである。目標が与えられれば、あとはあれこれ口やかましく言わなくても、大抵の人は自由に創意工夫を発揮してやってくれる。なまじの口出しはしなくてもいい。けれども目標が与えられなければ、社員の人も何をしていいかわからないから、あまり創意や工夫も生まれない。いきおい十分な働きも生まれず、仕事の成果もあがらないということになってしまう。

これはなにも社長だけでないのは当然である。部長でも課長でも、一つの部署を預かり、何人かの人を使う立場にある人は、常にそのことを心がけなければならない。

『事業は人なり』

日に新たな経営が実際に行われてこそ、経営理念は永遠の生命をもつことになる。

いかに立派な経営理念があっても、実際の経営をただ十年一日《いちじつ》のごとく、過去のままにやっていたのでは成果はあがらない。製品一つとっても、今日《こんにち》では次々と新しいものが求められる時代である。だから正しい経営理念をもつと同時に、それに基づく具体的な方針、方策がその時々にふさわしい日に新たなものでなくてはならない。この〝日に新た〟ということがあってこそ、正しい経営理念も本当に永遠の生命をもって生きてくるのである。

『実践経営哲学』

9月7日　心労を重ねてこそ

小便が赤くなるほど苦しみ、考え抜く。そこではじめて、新しい光が見えてくる。

「あなたは今までに、小便が赤くなったことがありますか」

なぜ、突然私がこんな質問をしたか。私はふっと、自分の小僧時代に、店のご主人から何度となく聞かされた話を思い出したのです。ご主人は、こういう意味のことをよく話したのです。「商売というものは、非常に難しいものだ。厳しいものだ。いわば真剣勝負と同じだ。だから、大きな心配事にぶつかると、どうしたらこの困難を克服できるかと、あれこれ思いめぐらして、眠れない夜を幾晩《いくばん》も明かす。それほど心労を重ねなければならない。心配し抜き、考えに考え抜く。心労のあまり、とうとう小便に血が混じって赤くなる。そこまで苦しんではじめて、どうしたらよいかわかり、心が安定し、そして新しい光が見えてくる。道がひらけるのだ。言い換えれば、少しオーバーな言い方かもしれないが、一人前の商人になるまでには、二度や三度は小便が赤くなる経験が要るのだ」

今にして思うのは、これは決して商人だけのことではない、ということです。あなたが何をなさるにしても、やはりこれだけの苦しみを経ずして、ものになろうと望むとしたら、やはり虫がよすぎるのではないでしょうか。

『若さに贈る』

9月8日　従いつつ導く

やる気を失わせないように、ものを頼む。相手の自主性に従いつつ導いていく。

人間というものは、自分の考えで事を行う時にいちばん喜びが感じられるものですよ。そうした場合には、その人の創意工夫も加わって、仕事の成果もおのずからあがってきます。

だから、僕も経営にあたっては、社員の人たちの自主性を尊重し、一所懸命働こうとするのをできる限り邪魔しないように心がけてきました。しかし、それでは何も注意しなかったかというとそうでもない。責任者として言わなければならないことは言います。けれどもその際、自主的な意欲に水をささないよう、言い方に気をつけてきたわけです。

何かを頼んだり、何かをやってもらう時、決してやる気を失わせないよう、相手の人の自主性に従いつつ導いていく。難しいことですが、これが大切なことではないでしょうか。

『人生談義』

9月9日　経営は芸術である

事業の過程はまさに創造の連続であり、経営はまさしく芸術といえる。

一つの事業の構想を考え、計画を立てる。それに基づいて、資金を集め、工場その他の施設をつくり、人を得、製品を開発し、それを生産し、人々の用に立てる。その過程というものは、画家が絵を描くごとく、これすべて創造の連続だといえよう。

なるほど、かたちだけ見れば単に物をつくっているだけと見えるかもしれないが、その過程には、いたるところに経営者の精神が生き生きと躍動しているのである。その意味において、経営者の仕事は、画家などの芸術家の創造活動と軌《き》を一《いつ》にしており、したがって経営はまさしく芸術の名にふさわしいものだといえる。

さらに、経営というものは、いろいろ複雑多岐にわたる内容をもっている。分野ということ一つをとってみても、さまざまである。研究したり開発をする部門、それに基づいて製造する部門、できあがった製品を販売する部門、あるいは原材料の仕入れ部門、そのほか経理とか人事といった間接部門がある。そうした経営における一つひとつの分野が皆これ創造的な活動である。そして、それを総合し、調整する全体の経営というものもこれまた大きな創造である。

『実践経営哲学』

9月10日　経営は生きた総合芸術

経営には完成がない。絶えず変化していく。経営は生きた総合芸術である。

経営は芸術であるといっても、それは絵画であるとか、彫刻であるといったように一つの独立したものではなく、いわば、その中に絵画もあれば彫刻もある、音楽もあれば文学もあるといったように、さまざまな分野を網羅《もうら》した総合芸術であると見ることもできる。

しかも経営というものは絶えず変化している。経営を取り巻く社会情勢、経済情勢は時々刻々に移り変わっていく。その変化に即応し、それに一歩先んじて次々と手を打っていくことが必要なわけである。

だから、例えば絵画のように、描き終えたら一枚の絵が完成するというのとは趣《おもむき》を異《こと》にしている。いわば経営には完成ということがないのであって、絶えず生成発展していくものであり、その過程自体が一つの芸術作品ともいえよう。そういう意味において、経営は生きた総合芸術であるともいえる。

『実践経営哲学』

9月11日　生きた経営のコツ

日々反省を重ねていってこそ、経営のコツを悟ることができる。

経営学は学べますが、生きた経営のコツは、教えてもらって「わかった」というものではない。いわば一種の悟りともいえるのではないかと思います。

お釈迦《しゃか》様は、六年間山にこもって修行されましたが、それでも悟れなかった。そこで苦行をやめて山を下ってこられて、乙女《おとめ》に助けられた。そしてその乙女の差し出す山羊《やぎ》の乳を飲んで菩提樹《ぼだいじゅ》の下で一服された時に、ほっと悟られたといいます。一所懸命の修行のあとで、安楽にしてじっと考えられた時に、ふっと気がつかれたわけです。私は経営のコツをつかむのでも、そんなものではないかと思うのです。

つまり、日々の経営者としての生活の中で、一つひとつの仕事に一所懸命取り組みつつ、その都度《つど》、〝これは成功であったな〟とか、〝成功であったけれどもここのところは完全ではなかったな〟という具合に反省を重ねていく。そしてそれが、やがて意識しないでも考えられるというか、反省できるようになることが必要だと思います。そういうことを刻々にくり返していると、だんだん間違いをしないようになる。ということは、経営のコツがわかってきた、ということになるのではないかと思うのです。

『経営のコツここなりと気づいた価値は百万両』

9月12日　髪型は会社の看板

髪型は会社の広告塔。似合う髪型にして、手入れも怠らないよう心がけたい。

三十年ほど前、東京は銀座のある理髪店へ行った時、そこの三十七、八歳の店員さんが僕の頭を刈りながら、「お見受けするところ、松下さんにはもっと頭髪を大事にして、常にどんな刈り方がいいか、どんな髪型が似合うか、自分で研究していただかなければいけないように思いますね」と言うのです。

「銀座の四丁目には、松下さんの会社の立派なネオンの広告塔がありますが、松下さんの頭は、言ってみればそれ以上に大切なあなたの会社の看板です。ですから、お客さんがあなたの頭をご覧になって、あなたの会社の製品を買う気がしないというような気分にならないように、常に十分な手入れをしていただかなければ……」

それまで髪の格好《かっこう》などには全くといっていいほど無頓着《むとんちゃく》であった僕は、店員さんのこの忠告に、いちいちもっともだ、と感心させられました。それ以来、東京へ行った時にはその店、大阪にいる時には、その店の支店を行きつけの店として、少々忙しくても髪の手入れを怠《おこた》らないよう注意してきたのです。

『縁、この不思議なるもの』

9月13日　私情にかられず人を使う

虫の好かない人にでも、頭を下げて頼めるか。私情にかられず、公明正大を貫けるか。

人間というものは不思議なもので、一度虫が好かないと思いこむと、たとえその相手がすぐれた点をもった人物であっても、そのことをなかなか素直に承認できない。ついついその人の欠点ばかりを探し出してきて、やはりあいつはダメだ、と思いこみたくなる。そんな一面が、お互い人間にはある。その点を経営者たるものは、よほど自戒しなくてはならないと思う。

私はこれまで、いやしくも経営者たるものは、私情にかられてはいけないということを、絶えず自分に言い聞かせ、そう努めてきた。個人的な感情、好き嫌いで人を使ってはいけない。やはり、その仕事に役立つ人かどうかで見なければいけない。仕事はできるけれどもあいつは虫が好かん、というようなことではいけない。仮に虫が好かんと思っても、経営者である以上は、仕事のために目をつぶらないといけない。この男がいなかったら、この仕事はできんという気持ちで、「君、頼む。やってくれ」と頭を下げる。そこまで徹しなければ、本当の経営者とはいえない。そう考えて、自分で言うのもおかしいけれども、公明正大を貫いてきた。少なくともそうなるよう努力してきた。

『松下幸之助 経営語録』

9月14日　権威を適切に活用する

自分の発想だけで進めるのでなく、より大きな権威も適切に活用すればいい。

権威の活用ということは、指導者として心得ておいていいことだと思う。何ごとも自分の考え、自分の発想として進めていくのも一つの行き方だろうが、そこに、より大きな権威をもってきたほうが説得力を増す場合が多いものである。

早い話が宗教でも、お坊さんや牧師さんが説教する場合、「私はこう考える」と言うより、「お釈迦《しゃか》様がこう言っておられる」「キリスト様がこのようにおっしゃった」と言ったほうが、ずっと説得力があり、聞く人にとってもありがたみが増すものだと思う。

一つのよりどころとなる権威があれば、皆それを中心としてものを考え、それを出発点とするから、迷いも少なく、足並みもそろって、非常に力強いものが生まれてくる。だから、神仏でもいい、偉大な先人なりその教えでもいい、あるいは伝統の精神、創業の精神といったものでもいい、いずれにしても何らかの権威があることが極めて好ましい。もちろん、権威に盲従したり、これを濫用《らんよう》してはならないだろうが、指導者は、そういう権威がすでにある場合にはそれを適切に活用し、それがない場合には何らかのかたちで生み出していくことも大事だと思う。

『指導者の条件』

9月15日　理外の理を知る

理屈だけで考え、事をなす人は、現実社会では失敗してしまう場合がある。

趙《ちょう》の国に趙奢《ちょうしゃ》という将軍がいた。※ある時、秦《しん》の軍隊が趙の一地方に進攻し、そこを包囲したので、趙王は将軍たちに、「あそこを救えるかどうか」と尋ねたところ、皆「あの地方までは道も遠く、また険阻《けんそ》な土地ですから難しいでしょう」と答えた。ところが趙奢は、「道が遠く険阻だから、そこで戦うのは二匹の鼠《ねずみ》が穴の中で争うようなもので、勇敢なほうが勝つでしょう」と言ったので、王は彼を派遣し、趙奢は自分の言葉通り、秦軍を打ち破り、その地方を救ったという。

理外の理《り》という言葉がある。理論的には一足す一は常に二になるが、現実には必ずしもそうはならない。一足す一が十になったり、時にはマイナスになったりする場合もある。それを知らずに理屈だけで考えて事をなしたのでは往々にして失敗してしまう。もっとも理外の理といっても、本当はそこにより高度な理というか、いわば目に見えない高い摂理《せつり》が働いているのであろう。そういうものをつかむことが、理外の理を知るということだと思う。道が遠く険しいところだから救うのは難しいというのは、誰もが考えることで、普通の理だといえる。けれども、だからこそ勇敢なほうが勝つ、というのはそうした普通の理を超えた、理外の理であろう。

『指導者の条件』

※中国の戦国時代の武将。生没年は不詳。

9月16日　常に全身健康とはいかない

組織は我々の体と同じ。時に辛抱し、気を配りつつやっていくことが必要である。

聞くところによりますと、親鸞聖人《しんらんしょうにん》でさえ自分の息子にずいぶんと苦労されたということです。いろいろ問題は起こすし、あまつさえ、親父《おやじ》の教えは間違っている、と言いふらしたりする。他の誰でもない、自分の長男がそういうことをするというのは、親鸞聖人としてどれほど辛《つら》かったことでしょうか。しかし嘆きつつも結局、じっと辛抱をしておられたわけです。

まして我々凡人は、そういう人があれば気になって仕方がない。けれども、人を使うという時には、どうしても〝粒より〟ばかりというわけにはいかないと思うのです。

それは、我々の体と同じようなものです。体は年中どこも健康というわけにはいきません。現実には胃が弱いとか、血圧が高いとか、どこか具合の悪いところを抱えている場合が多い。それが一時的なものですぐ治れば、それに越したことはありませんが、簡単に治らないという時には、無理をしないで、病気が悪化したり再発したりしないように、気を配りながらやっていくほかありません。

『経営のコツここなりと気づいた価値は百万両』

9月17日　年功序列と抜擢

企業それぞれの実態や時々の状況に応じて、抜擢を行なっていくことで経営が躍動する。

年功序列制もそれなりにプラスの面があり、それを生かしていくことで、ある程度好ましい人の生かし方もできると考えられる。しかしそうはいうものの、やはりそれだけに終始していたのでは、いわゆる事なかれ主義に陥ってしまい、生き生きと躍動するような経営は生まれてきにくいのではないだろうか。だから、そこに適度に抜擢《ばってき》ということも行なっていく必要があると思う。

具体的にそれをどのように行なっていくかということは、それぞれの企業の実態なり、またその時々の状況によって一概《いちがい》にこうとはいえないと思うが、私自身についていえば、大体において年功序列七〇%、抜擢三〇%というような感じでやってきたといえよう。これが反対に年功序列三〇%、抜擢七〇%になると非常に面白いと思うのだが、そうするには、小学校の教育から抜本的に変えていかなくてはならないだろう。時代の要請からしても、だんだんそのようにはなっていくのではないかという感じがするが、それはやはりまだ先のことで、今日《こんにち》の日本の経営においては、年功序列を主体としつつ、そこに適度に抜擢を加味していくことが無理のない姿だと思う。

『事業は人なり』

9月18日　頼む心持ち、拝む心根

人を生かしつつ、よりよく働いてもらうには、頼み、願い、拝むような心根が欠かせない。

少人数の人を使っている、小規模の会社、商店の経営者であれば、自ら率先垂範《そっせんすいはん》して、そして従業員に「ああせい、こうせい」と命令しつつみんなを使って、大体成果をあげることができるでしょう。しかし、これが百人、千人となれば、そういう姿は必ずしも好ましくありません。百人も千人も従業員がいるところでは、もちろん仕事の内容とか種類にもよりますけれど、大体において、率先垂範して「ああせい、こうせい」というタイプでは好ましくないと思います。形、表現はどうありましょうとも、心の根底においては、〝ああしてください、こうしてください〟というような心持ちがなければいけないと思うのです。そうでないと、全部の人によりよく働いてもらうことができないでしょう。

これがさらに、一万人、二万人になれば、〝ああしてください、こうしてください〟ではすまされないと思います。〝どうぞ頼みます、願います〟という心持ち、心根に立つ。そしてさらに大を成して五万人、十万人となると、これはもう〝手を合わせて拝む〟という心根がなければ、とても社員を生かしつつ、よりよく働いてもらうことはできないと思うのです。

『商売心得帖』

9月19日　愚痴を聞いてくれる人をもつ

仕事で大きな成果をあげる部下は大切。悩みをうまく聞いてくれる部下も大事。

自分の部下の中に愚痴《ぐち》を訴えられる人、うまく愚痴を聞いてくれる人がいれば非常に助かる。

実は、私自身が多少神経質なところもあって、そういうことを身をもって体験してきた。私の今日《こんにち》あることの一つの大きな原因としては、そのような人に比較的恵まれたことがあげられると思う。いろいろと煩悶《はんもん》した時に、それをうまく聞いてくれる人が、私の場合は割と多かった。だから幸いにして愚痴が言えた。少々のことでも愚痴を言って、気がスッとする。晴れ晴れとした気分になって、力いっぱい仕事に打ちこめるというような姿で、今日までやってくることができたわけである。

だから、相当の仕事をする人、何らかの意図をもって事業をしようというような人は、そういった愚痴を言える部下を傍《かたわ》らにおいておくことが望ましいと思う。もちろん、非常に働きがあって立派な仕事をする部下、現実に商売をして大きな成果をあげるという人が大切なのはいうまでもないことである。しかし、働きはそれほどでなくても、愚痴をうまく聞いてくれるような人がいないと、事業に成功し、社会人として成功することは難しいのではないかと思う。

『事業は人なり』

当社の社員は皆偉い、と思えるか。自分より偉い人ばかり、と言えるか。

世間の多くの会社を見てみると、あるいはうちの得意先を見てみると、そこには立派な社長もおれば専務もおられるのに、うまくいかないところがある。うまくいかないところは、「自分の会社の社員というものは皆あかん、間に合わん。困ってるのや」ということを訴える。そういうところはなかなかうまくいかない。

しかし、「いや松下さん、うちの社員は皆偉いですわ。私より偉《えろ》うおますわ」と言う社長の会社はうまくいく、そうなっています。

そういうことが言えるかどうかということですな。

『松下幸之助発言集24』

9月21日　一挙手一投足が影響する

すべての行動が業績に影響する。態度物腰で好感を与えることができているか。

先日もある大会社の社長さんにお会いしたのだが、実に丁重《ていちょう》である。お辞儀《じぎ》一つでも、こちらが七〇度ぐらいとすれば、向こうは九〇度も体を曲げられる。話しぶりも人をそらさなくて、知らず識《し》らず引きつけられてしまう。その会社は業界第一位だそうだが、なるほどこの社長さんなら当然だな、と思わせるものがあった。その人のそうした態度物腰《ものごし》が各方面に好感を与え、それが、その会社を伸ばす大きな力になっていると思うのである。

そういうことを考えると、経営者にとっては、その一挙手一投足これすべて会社の業績に影響してくるということも考えられる。これは見方によっては、まことに窮屈《きゅうくつ》な話である。しかし、本当はそれが経営者というものである。「そんな窮屈なことはかなわん」というような人には、厳しいようだが、経営者としての資格はないともいえる。

『経済談義』

経営理念は社員一人ひとりの血肉となって、はじめて生かされてくるものである。

会社としての基本の考え、方針がはっきりしていれば、経営者なり管理監督者としても、それに基づいた力強い指導ができるし、またそれぞれの人も、それに従って是非《ぜひ》の判断ができるから、人も育ちやすい。ところが、そうしたものがないと、部下指導にも一貫性がなく、その時々の情勢なり自分の感情なりに押し流されるといったことにもなりかねないから、人が育ちにくい。だから経営者として人を得たいと思うならば、まず自らがしっかりした経営理念、使命観をもつことが先決である。

さらに、従業員に対しては常にそのことを訴え、それを浸透させていくことである。経営理念というものは、単に紙に書かれた文章であっては何にもならないのであって、それが一人ひとりの血肉《けつにく》となってはじめて生かされてくるのである。だから、あらゆる機会にくり返しくり返し訴えなければならない。

『実践経営哲学』

9月23日　事業欲

事業欲は、行きすぎると世間に迷惑をかける。良識を働かせ、調節する必要がある。

人には、さまざまな欲がある。そして、その欲が過ぎると、そこに何らかの好ましからざる事態が生じてくる。例えば、食欲が行きすぎると身体を壊すといった具合である。

ただ食欲であれば、それが過ぎてもわが身一人の苦しみにとどまる。しかし、事業欲のようなものは、行きすぎると自分一人にとどまらず、他の多くの人々、ひいては世間にも迷惑をかけることになる。それだけに、事業に携わる人々は、自らの良識というものを働かせ、その事業欲が行きすぎないように調節することが大事だと思う。

『思うまま』

9月24日　人間を主体に考える

人間あっての経営である。だからまずは、人間のあり方を考えなければならない。

経営といい、商売といっても、これは結局、人間が行うものである。人間が行うものであるからには、経営や商売は人間を抜きにしては考えられない。というよりもむしろ、人間を中心において考える、人間を主体に考える、ということが非常に大切ではないかと思う。

人間あっての経営である。だからまず、人間というもののあり方を考えなければならない。よき経営を実現しようと思えば、まず人間のよきあり方について検討しなければならない。それが基盤になる。

『人を活かす経営』

1月 2月 3月 4月 5月 6月 7月 8月 9月 10月 11月 12月

9月25日　赤字は許されない

赤字はその企業の損失だけにとどまらず、社会的損失でもあるという自覚があるか。

企業が赤字となれば、これは単にその会社の損失というにとどまらず、社会的に見ても大いなる損失である。赤字を出したからといって、その企業が法的に罰せられることはないが、私は、その企業は社会に対して、一つの過《あやま》ちを犯したのだという厳しい自覚をもって然《しか》るべきだと考える。これは資本の多い大会社ほど厳しく要請されねばならない。特に公企業・独占企業的なものほど、適正利潤の検討には厳重であるべきだと思う。それは、こうした大会社ほど社会の金と人と物を使うことが多く、それだけ社会性が強いのだから、他の範とならねばならないからである。

仮にある大会社が、その経営規模にふさわしい適正な利潤を着々とあげておれば、国庫にも莫大《ばくだい》な収入があることになり、それによって国民に大きな福祉を与えることになる。逆にその大会社が赤字を出したとしたら、政府もほうっておくわけにはいかない。実情調査に係官を派遣するだろうし、いろいろと援助もしなければならない。これには多額の費用がかかるが、これはすべて国民の税金から出されるのである。差引き何と大きな国家的国民的損失であろう。こんなことは、企業の社会的責任、使命からすれば、本当は許されないことだ。

『なぜ』

9月26日　中小企業の強み

社員一人ひとりを120％生かす。中小企業はそれができる。

私は中小企業ほど人がその能力を十分発揮しつつ働きやすいところはないし、また実際よく働いていると思うのです。

世間ではとかく中小企業は弱いといいます。けれども、大企業が個々の人の力を七〇％ぐらいしか生かすことができなくても、中小企業は一〇〇％、やり方によっては一二〇％も生かすことができるわけです。そういうところに、中小企業の一つの大きな強みがあるように思います。その強みを中小企業は積極的に生かしていくということが、極めて大切ではないでしょうか。

また一方、大企業においては、組織なり制度なりの上で、いわゆる専門細分化をはかるなどして、一人ひとりの社員がそのもてる力を十分発揮できるような環境づくりを、絶えず心がけていく必要があると思うのです。

『経営のコツここなりと気づいた価値は百万両』

9月27日　通念を超える使命感

社会通念に従って努力するだけでいいのか。もっと高い使命があるのではないか。

私の仕事はもともと家内と義弟《ぎてい》の三人で、いわば食べんがために、ごくささやかな姿で始めたことでもあり、当初は経営理念というようなものについては、何らの考えもなかったといっていい。もちろん、商売をやる以上、それに成功するためにはどうしたらいいかをあれこれ考えるということは当然あった。ただそれは当時の世間の常識というか、商売の通念に従って、〝いいものをつくらなくてはいけない。勉強しなくてはいけない。得意先を大事にしなくてはいけない。仕入先にも感謝しなくてはならない〟というようなことを考え、それを懸命に行うという姿であった。そういう姿で商売もある程度発展し、それにつれて人もだんだん多くなってきた。そして、その時に、私は〝そういう通念的なことだけではいけないのではないか〟ということを考えるようになったのである。

つまり、そのように商売の通念、社会の常識に従って一所懸命努力することは、それはそれで極めて大切であり、立派なことではあるけれども、それだけではなく、何のためにこの事業を行うかという、もっと高い〝生産者の使命〟というものがあるのではないかと考えたわけである。

『実践経営哲学』

経営理念を明確にもつと経営に魂が入る。困難にも支えとなり、力強い経営ができる。

私なりに考えた使命というものについて、従業員に発表し、以来、それを会社の経営基本方針として事業を営んできたのである。それはまだ戦前の昭和七年のことであったけれども、そのように一つの経営理念というものを明確にもった結果、私自身、それ以前に比べて非常に信念的に強固なものができてきた。そして従業員に対しても、また得意先に対しても、言うべきことを言い、なすべきことをなすという力強い経営ができるようになった。また、従業員も私の発表を聞いて非常に感激し、いわば使命感に燃えて仕事に取り組むという姿が生まれてきた。一言《いちごん》にしていえば、経営に魂《たましい》が入ったといってもいいような状態になったわけである。そして、それからは、我ながら驚くほど事業は急速に発展したのである。

不幸にして、その後戦争が始まり、そして敗戦となって、戦後の混乱の中で会社経営は著しく困難に陥ったけれども、そうした困難の中で支えになったのは、その生産人としての使命感であり、何のためにこの経営を行なっていくのかという会社の経営理念であったと思う。

『実践経営哲学』

9月29日　企業の社会的責任

企業には、いつの時代にも、厳として変わらない社会的責任がある。

いつの時代にも変わらない企業の社会的責任というものが、厳としてあると思うのです。そういう点をしっかりと認識した上で、時代の変化に対応していくということが、やはり企業経営において極めて大切ではないかと思います。

そこで私の考える企業の社会的責任ですが、大別すると、次の三つになると思います。

第一は、企業の本来の事業を通じて、社会生活の向上、人々の幸せに貢献していくことです。これは企業の基本的使命であると考えます。

第二は、その事業活動から適正な利益を生み出し、それをいろいろなかたちで国家社会に還元していくことです。

第三は、そうした企業の活動の過程が、公害というような問題も含めて、社会と調和したものでなくてはならないということです。

『日米・経営者の発想』

9月30日　事業に頂上などない

すべての事業に頂上など存在しない。それぞれの立場で考えるべきことは限りない。

世の中は動いているのだから、一日一日、考えが進んでいかなければならない。従業員が十人いる時、その十人いる時の考えに執着するのでなく、十五人になるということも考えていく。今月は売上げが一千万円だけれども、来月一千五百万円売るにはどうしたらいいか、そのように、経営者は絶えず求めるものをもたないといけない。経営というものは、言ってみれば終わりのない壁画を描き続けるようなものだから、常にそういう希望をもっていなければならないと思う。

すべての事業には、ここが頂上で、これでおしまいなどというものはない。だから私は、今でもこうしなければいかん、ああしなければいかんということを考えている。相談役ではあるけれども、相談役という立場に立って、それなりに事業のよりよき姿を考え続けているのである。

『松下幸之助 経営語録』

人生を創るための「金言」ノート（3年分）

9月の全日分を読了後、「①どの言葉・文章が心に強く響いたか」「②それはなぜか」「③今後の行動にどう生かすか」を自問自答して、毎年、簡潔にまとめてみましょう（書き込んだ日付も忘れずに）。その記録を時折読み直し、自らの成長の糧にしましょう。

年　月　日

年　月　日

年　月　日

10月

世間を信じる

10月1日　上には上がある

修業を積み、体験を積むほどに、世の中の偉大さというものがわかってくる。

昔の日本の古い言葉に、「実るほど頭《こうべ》を垂れる稲穂かな」というのがありますが、結局人間は修業を積み、いろんな体験を積んでくると、だんだんものの偉大さといいますか、世の中の恐ろしさというものがわかってくる。一知半解《いっちはんかい》の徒《と》というものは、一面だけを見て全面を見ることができないから、自分に都合のいいような解釈をしてものを判断しようとする。しかし修業を積んでくると、だんだんと世の中の偉大さ、恐ろしさというものがわかってくる。

剣術でも、少し習ってうまくなってくると、誰でも彼でも自分より弱く思える。太刀《たち》さえ取れば自分が勝つように思える。しかしその域を脱すると、〝自分も相当修業できたかもしれないけれど、しかし上には上がある。自分よりも上の人がたくさんある〟ということがわかってくる。そこではじめて、自分がどういう立場、どういう態度でおらねばならんかということがわかってくる。そうなってくると、さらにその人は向上する。

『松下幸之助発言集25』

10月2日　世間は人間錬成の道場

自分がなすべきことを、広く世間に尋ねているかどうか。

仕事に生きがいを感じるけれども、それを進めていくについての迷いというものがあります。その迷いをどう解決するかというと、私は広く衆知《しゅうち》を集めればいいと思うのです。

広く世間にそれを求めればいい。世間は道場である、人間錬成の道場である。私はそう思います。いろいろな状態がクモの巣を張ったごとくにありますから、それに皆尋ねていくことによって、自分の具体的な活動のかたちが求められてくると思うのです。そういうことを尋ねているかどうかということです。

尋ねて答えが返ってくる場合もあるでしょうし、返ってこない場合もあるでしょう。しかし、ある程度は返ってくる。不十分ながらも返ってくる。だから、そういうものに基点をおいて行動すれば、その生きがいは十分に満たされるというような感じがするのです。

『社員稼業』

10月3日　根なし草には花が咲かない

伝統を認識し、自身の信念を固めた上で、創意工夫を重ねていきたい。

時代の流れ、世の中の変化に対応してゆくことが大事だとはいっても、世間の動きに心を奪われるあまり、自らの信念なり自分の店の伝統というものを軽視することがあっては決してならないと思います。ここが非常に大事なところだと思います。〝根なし草には花が咲かぬ〟といいますが、自分自身にしっかりした信念がなければ、本当の商売というものはやはり営めないと思うのです。

ですから、お互い、五年なり十年なり自分の店を経営してきた過程で培《つちか》ったそれぞれの伝統というものを、この際さらに深く再認識し、自分の体験に基づいた自分自身の信念というものを固めなければならない。そういう確固とした信念に立って熱心に創意工夫を重ねてゆくならば、今日《こんにち》の速い時代の流れというものにも、臨機応変、自由自在についてゆくことができると思います。

『松下電器　店会タイムス』昭和42年8月号

10月4日　世間を自ら判定する力

世間というものを判定できるようになると、困難な仕事も一つの勉強と思えるようになる。

以前会社を辞めるという人が来たので聞いてみますと、「仕事そのものは嫌いじゃないけれども、何となく面白くない」というようなことを言われました。なるほど考えてみますと、その人は真剣に考えた結果、思いつめて、そうなったんです。その人が自ら考えて、不愉快と思うことを自らの力で除去し、自らの考えでそれを消して、その仕事に使命を感ずるというようになれば、これは言うことありませんが、そういうようになれる人もあるし、なかなかなれない人もある。なれない人は今言うようなことになってくる。

ですから、その人をそうならせないように導く人があって、いつも煩悶《はんもん》の相手になってあげる。そうして光明を与えつつ仕事をしてもらう。そうすると、その人もある一定の煩悶期間が過ぎると、世間はこういうものであるということで、自らの判定力もできて、一時的にどういう困難な場所に立っても、むしろこれは一つの勉強である、こういう環境に立つことも長い人生の一つの体験であるとって、それを喜びに変えていく。困難な場所に立ち、困難な仕事に立ち、困難な雰囲気に立って、自分の行わんとする仕事を立派にやっていくということになりましょう。

『松下幸之助発言集26』

1月　2月　3月　4月　5月　6月　7月　8月　9月　10月　11月　12月

10月5日　心のつながり、無形の支持

心持ち次第で、関係先と心がつながる。無形の支持を得ることができる。

先般、ある会社と仕事の関係ができて、そこの社長さんが訪ねてこられた。その時に、その人が持参されたおみやげに私は非常に感銘《かんめい》した。それは私には私が主宰《しゅさい》している『ＰＨＰ』という雑誌の創刊号※を、さらに同席した私どもの関係会社の社長には、その会社で十数年前に発売した電気カミソリの第一号製品を持ってこられたのである。

そのような昔のものを読んでいただき、またお使いいただいたのかと思うと、私にはその社長さんのお心持ちが、いわば一千万円いただいた以上に嬉《うれ》しく思われた。そして、そういう人が社長をしておられる会社と仕事の関係をもたせていただいたことが喜ばしく感じられたのである。その会社は、なかなか難しい業界にあって、第一位の業績をあげておられるということだが、やはりそれは、そうした社長さんのお心持ちが、各関係先と心のつながりを生み、それがその会社に対するいわば無形の支持を呼んでいるからではないかと思う。

『経済談義』

※昭和22年4月号。

仕事は社会にやらせてもらっているもの。仕事が伸びるかどうかも世間が決めてくれる。

世の中の求めのないところ、いかなる職業も成り立ちえないのです。その意味ではお互いの仕事、職業は、自分でやっているというよりも、社会にやらせてもらっているのだということになると思います。

そのように考えますと、そこには一つの大きな安心感と感謝の気持ちとが起こってくるのではないでしょうか。この仕事は自分の小さな意志だけでやっているのではない。世間が必要としているのだ。仕事が伸びるか伸びないかは世間が決めてくれる。自分は、ただ世間の求めるところに対して、省みて過《あやま》ちなきを期していけばいいのだ。それ以外のことには心をわずらわす必要はない。そういった一つの安心の境地が得られると思います。そして、それとともに、そういう仕事を世間からやらせてもらえるのは、本当にありがたいことだという感謝の念も生じてくるでしょう。

『縁、この不思議なるもの』

10月7日　すべてがお得意先

仕入先はお得意先であり、何らかのかたちですべてがお得意先である。

よく〝利は元にあり〟といわれるが、商売における仕入れとは、本当に大事なものだと思う。

私はかねがね、社員の人たちに〝仕入先はお得意先だ〟ということを言ってきている。これは、一つには会社が家庭用の電化製品を多くつくっているということもあって、仕入先の人に限らず、道行く人はすべてがお得意先、という気持ちでいることがある。しかし、そのように直接的に自分の会社の商品を買っていただくということでなくても、今日《こんにち》のようにこれだけ人と人、会社と会社との結びつきが複雑多岐になってくれば、大きな目で見た場合、どんな人でも、どの会社にとっても、何らかのかたちでお得意先である、ということがいえるように思う。

だから、直接的には仕入先だと思っていても、別の面から見れば、あにはからんやお得意先だというわけである。

『松下幸之助 経営語録』

一軒のお得意を守り抜くことは、百軒のお得意を増やすことにつながる。

例えば、いつもごひいきいただいているお得意さんの一人が、その友人に次のように話されたとしたらどうでしょうか。
「自分はいつもあの店で買うのだが、非常に親切で感じがいい。またサービスも行き届いているので感心している」。それがその人の実感から出たものであれば、友人は「君がそう言うのなら間違いないだろう。僕もその店へ行ってみよう」ということになりましょう。その結果、お店を訪ねてくださる。商売をしているほうとしては、自ら求めずして、ひとりでにお得意さんを一人増やす道がひらけるということになるわけです。

そうしたことを考えてみますと、日頃、商売をしていく上で、お得意さんを増やす努力を重ねることはもちろん大切ですが、現在のお得意さんを大事に守っていくということも、それに劣らず大切だということになると思います。

つまり、極端にいえば、一軒のお得意を守り抜くことは百軒のお得意を増やすことになるのだ、また逆に、一軒のお得意を失うことは百軒のお得意を失うことになるのだ、というような気持ちで、商売に取り組んでいくことが肝要だと思います。

『商売心得帖』

10月9日　世の中が許さない

ぼろい話は世の中が許さない。せっかく得たものまでも失ってしまう。

世の中というものはよくしたもので、濡《ぬ》れ手で粟《あわ》といったことは、実際にはないし、許されないことなんです。ぼろい話というものには大きな反動があって、往々にしてせっかく得たものまで失ってしまうということになりやすい。

一人だけ先に進もうとか、自分だけうまくやろうとすると、落ち着きを失ってしまう。そこに人を疑うといった心も起こってきて、間違いが生じてくる。

だから、日本の国としても、一歩一歩、慌《あわ》てず騒がず進むんだ、安心して外国とも取り引きしてもらうんだということを、自らの行動でもって他の国々にわかってもらえるように努力しないといかんのです。

『松下幸之助　経営語録』

10月10日　経済は自然現象ではない

経済現象とは、人間が考え、人間のために生み出していくものである。

本当に景気、不景気というものは、自然現象のように避けられないものなのだろうか。なるほど、昔は経済といっても農業を中心としたものであり、技術も未発達だったから、収穫もその時々の天候によって左右されるところが極めて大きかったと思う。だから好不況が収穫のいかんによって決まるとすれば、景気、不景気は半《なか》ば天然現象であったともいえよう。

しかし今では、農業でも科学技術の進歩などにより、昔ほどには天候に左右されなくなってきた。つまり、ある程度景気を人為で動かすこともできるようになってきたのである。まして、今日《こんにち》の経済に大きな比重を占める工業や商業は、そのほとんどが人為現象である。だから、経済現象というものは、雨が降ったり日が照ったりというような自然現象とは全く違って、人間が考え、人間が生み出すものなのである。そういうものだとわかれば、あとは人間の思うままにこれを動かしたらいい。ちょうど人間が住みやすさということをいろいろ考え、家を設計し建築して、その中で快適に暮らすようなものである。同じように、人間が最も暮らしやすいように考えて、その通りに経済を動かしていったらいいのである。

『経済談義』

10月11日　景気と人間の本質

好況時には腹がふくれ、不況時には腹が減る。
景気は、人間の本質の通りに動いている。

経済界もだんだんと好況に転換していくだろうと思う。なぜかというと、人間というものは、腹がふくれると物を食いたくない。なんぼ料理があっても、要らぬ要らぬという。腹が減ってくると、どんな物でも食うことになる。つまり好景気の間《あいだ》は、早く言えば腹がふくれてくるわけだ。すると、働かぬようになる。しばらくすると、また不景気になってくる。腹が減ったわけだ。だから何でも食う。景気はくり返すというが、人間の本質の通り動いているのではないかと思う。特に心がけのいい人は、理性をもって困難を克服する。いっぱい食わないで、いつも八分目に食っておく。そのかわり、ある一定期間ちゃんとためておく。

『仕事の夢 暮しの夢』

人間がつくり出したものは、人間の精神意識によって転換できる。

不況とか混迷というものは、我々自身お互いがつくり出したものである。政府当局も一緒になってお互いにつくり出したものである。だから、これは必ず我々の精神転換、考え方の転換によって直すことは可能であるということを、これははっきりと申しあげられると思うのであります。

しかし、私が一人で言っても、もしそれが一般に信じられず、〝その通りしよう〟という力強い動きが生まれなかったら、言うだけで何もならないと思うのです。けれども私は、そういうようにお互いが、こういうふうにやらなければいけないということで、幸いにして皆さんのお考えが一致し、また政府当局もそういうことを配慮されてやられたならば、これは必ず直ると思います。天然現象であれば、これはもう我々の人力では及ばないこともあるわけですけれども、これは人為現象である。したがってお互いの精神意識によって転換することができるものですから、これは必ず直るだろうと、そのように思うのであります。

『危機日本への私の訴え』

10月13日　決意すれば道はつく

不況時にはそれに向かう覚悟と用意をする。自分を叱りつけてがんばれば知恵は必ず出る。

不況というのは、大暴風雨に直面するようなものです。大暴風雨であっても、その中を歩いていかなければなりません。歩かずに退避する、というのも時には一つの方法でしょうが、企業経営において退避ばかりしているというようなことは許されません。やはり最後はいやでも立ち向かって歩かなければなりません。

それには、そのための覚悟をし、用意をすることです。傘なり雨具なりをもっと丈夫なものにするとか防寒服でも着るとかの用意をすることです。

そして、私の体験からいいますと、落ち着いてよく考えさえすれば、雨の強さ、風の強さに応じて、傘をさす方法もありますし、風よけをするような心がまえも湧《わ》いてくるものだと思います。それは、このまま退避することはできない、どうしてもこの大暴風雨に向かって進んでいかなければいけない、という決意をすれば、そこに道というものはつくものだということです。

いずれの時にも、身を切られるような思いに悩みつつも勇気を鼓舞してやっていく。崩れそうになる自分を自分で叱りつけて必死でがんばる。そうすればそこに知恵、才覚というものが必ず浮かんでくるものです。

『経営のコツここなりと気づいた価値は百万両』

10月14日　偉くなればなるほど

人間は本当に偉くなると、頭と腰が低くなる。会社も大きくなるほど、そうありたい。

　これは古い言葉ではありますが、実るほど頭が低くなる稲穂のことを称《たた》えたうたがあります。人間が偉くなればなるほど、それだけ丁重《ていちょう》に懇切丁寧《こんせつていねい》になるもので、なまじっかの偉さでは逆に肩ひじを張って尊大に構えるけれども、本当の人間ができてくると全く腰が低くなって頭が下がってくるのだということだと思います。

　それと同じように、会社が大きくなればなるほど、社員の態度というものは懇切丁寧になり、頭も低くなってきて、皆をいたわるようにならなければならないと思います。そういう状態にならないと、その会社の尊厳というものも保てるものではありません。

　会社がちょっとうまくいくと、さもそれを誇りにして尊大に構え、不親切になり、懇切を欠くということであれば、やがてはその姿に社会のムチというものが与えられてくると思います。

『わが経営を語る』

10月15日　不平よりも愉快に

愉快に考え、喜び、感謝している時に、多くの人が幸せをもってきてくれる。

不平を言うことによって、ものがひらけるという場合もあります。しかし、その不平は個人の不平ではいけない。いわゆる〝公《おおやけ》〟の意味においての不平でなければいけない。つまりそれは不平ではなく、〝公〟のために一つの提言をするということになる。喜んで、こういうことをしたらどうですかということである。〝私《わたくし》〟の心にとらわれ、〝私〟を中心としてものを考える時に不平になるんであります。

えらい教訓めいたことを申しますが、私の体験を通じて考えますと、どうも不平をもっている時よりも愉快に考えている時、いわば喜びをもっている時、さらに進んではありがたいなと思っている時のほうが、多くの人が自分に幸せをもってくるんであります。自分の言うことが受け入れられるんであります。

『松下幸之助発言集11』

10月16日　知ってもらう

世間に正しい姿を知ってもらう。真実をありのままに知ってもらう。

日頃から、企業の考えていることなり、業績、製品などについて、世間に正しい姿を知ってもらうことが大切であろう。いわゆる広報活動なり宣伝広告などはそのために行うものである。

その場合にも、いわゆる誇大広告のごとく、自らの姿を実態以上に見せようとすることは厳に慎《つつし》まなくてはならないことはいうまでもない。そういうことで、仮に一時的には世間の目をあざむけても、結局は大衆は真実の姿を見抜き、その結果かえって信用を落とすことになってしまうだろう。

リンカーンは「すべての人を一時的にだますことはできるし、一部の人をいつまでもだましておくこともできる。しかし、すべての人をいつまでもだまし続けることはできない」と言っているという。彼は政治家としてそういうことを言ったのだろうが、経営についても全くその通りである。真実をありのままに知ってもらうということが、長い目で見ていちばん大切なことなのである。

『実践経営哲学』

10月17日　世間から叱ってもらう

ほめられてばかりでは、増長し、油断する。世間から注意し、叱ってもらう必要がある。

何か間違ったことがあれば、会社もお得意先なり世間から厳しく叱ってもらわねばならない。今、仮に松下電器は、いい会社だといって世間からほめられているとしても、ほめられてばかりいたんでは知らず識《し》らず増長したり油断したりしてしまうと思う。やはり、会社は常に世間から、いいところもあるがこういうところは悪いぞと、叱ってもらう必要がある。

今日《きょう》も僕は三十分間ほど、ある販売店さんと話をしていたのであるが、その時、その販売店さんから、松下電器の伝統の精神というものはどこまで徹底しているのか、最近はそういうことが一人ひとりの社員に行き届いていない場合があるのではないかというように、いわばご注意をいただいたのである。僕はそれを、かしこまってお聞きしたのであるが、このように、世間から松下電器がお叱りをいただけるということは、まことにありがたいと思う。販売店さんが、わざわざ僕に面会を申しこまれ、ご注意をしてくださる。そしてそれをかしこまってお聞きしていく、そういうところに我々の進歩があり、また安定した姿が保たれると思う。

『松風』昭和41年8月号

10月18日　会社に対する信用

小さなミスがあり、不良品が出てしまう。その対策にどれほど真剣に取り組んでいるか。

私どもの会社が製品をつくる際にたまたまちょっとしたミスがあって、部品の一つに不良のある商品を、ある販売店さんにお送りしてしまった時のことでした。その方は私どもの会社に、長年力強いご支援をお寄せくださっている方で、私どものつくる商品には常に非常な関心をもっておられたのです。それだけに、その不良のある商品を手にされると、〝こんな商品を送ってくるとはけしからん。厳重に注意しなければ……〟ということで、わざわざ会社まで出向いてこられたのです。

ところが実際に会社へ来てみると、従業員が皆、一所懸命に仕事をしています。そして応対に出た人も親身になって応対するし、その商品の不良対策についても、それぞれが、わが事のように真剣に取り組んでいます。また工場を見ても、皆整然と仕事に励んでいるわけです。そういう姿を見てその方は、〝これだけ皆が一心に仕事に打ちこんでいるのでは、たまたまこのような不良が一つぐらいあったからといって、怒るわけにはいかんなあ〟ということで、かえって会社に対する信用を深められ、かつ安心して帰られたのです。

『人間としての成功』

10月19日　笑顔の景品

親切な笑顔のサービスに徹する。徳をもって報いる方策でセールスに臨む。

ハワイ旅行というような景品も結構には違いありませんが、いつもご愛顧いただいているお客さんに対して、感謝の気持ちにあふれた〝笑顔〟の景品を日頃からおつけしていれば、あえてハワイ旅行というようなことをせずとも、お客さんはきっと満足してくださるのではないかと思います。また逆に、そういう景品がなければ、たとえ外国旅行に招待したとしても、お客さんとのつながりは一時的なものに終わってしまうのではないでしょうか。

したがって、仮に私どもが、他のお店がただ売らんがために高額の景品をつけているからということで、その表面の姿に惑わされ、自分のところも同じような景品をつけなければならないと考えるならば、それは決して好ましいことではないと思います。結局そこからは過当競争しか生まれないでしょう。〝あのお店はあんな、いわば常識はずれの景品をつけているが、自分のところは親切な笑顔のサービスに徹しよう〟というように、いわば〝徳をもって報《むく》いる〟方策で臨んでこそ、お客さんに心から喜んでいただけ、お店のよきファンにもなっていただけるのではないでしょうか。考え方はいろいろありましょうが、私はそう信じています。

『商売心得帖』

10月20日　顧客が評定している

絶えず顧客の鋭く厳重な評定下におかれて、我々はお互いの仕事をしている。

商売というものは、顧客が絶えず鋭い評定をしている。学校の先生が足りない場合には、どの先生でも来てくれればいいということになるが、先生が余っていたら優秀な先生だけを雇い入れる。どこの学校でもそうである。しかし一般の商業界は、それ以上に鋭いものである。景気、不景気を通じて、絶えず厳重な評定をしている。向こうの商品はこっちの商品よりも、よくて安いということを顧客は評定している。我々は、絶えず評定下におかれて仕事をしているわけだ。

もしそれがなくして、どこのものでも売れるのだったら、神様でない限り、誰も勉強する者はいない。勉強するといっても範囲がしれている。だからやはり実業界にとっては、評価決定ということが非常に大事である。

『仕事の夢　暮しの夢』

10月21日　十もらえば十一返す

サービスしあうのが、この世の理法。多くを与える人が多い社会ほど、発展する。

サービスしあうというのがこの世の理法ではないでしょうか。つまり、頭のよい人は頭で、力のある人は力で、腕のいい人は腕で、というように自分のもてるものを他に与えることによって、それにふさわしいものを他から受ける。それで世の中は成り立っているのですよ。だから、多くを受けたいと思えば多くを与えればよいのであって、十分に与えもしないで多くを受けたいと思うのは虫のいい考えというものです。そんな人ばかりだと世の中は豊かにならないでしょうな。

例えば会社でいえばね、社員がみんな自分の働き以上の給与を得たいと望んだならどうなるでしょうか。その会社はたちまち破綻《はたん》してしまうと思うのです。働きと給与との間《あいだ》には、いつもプラスのゆとりがなくてはならない。そのゆとりがあって、会社ははじめて発展するのですな。社会でも同じことです。やはり社会が潤《うるお》いをもちつつ発展していくためには、〝十もらえれば十一返す〟というサービス精神が大切なのでしょう。

『人生談義』

10月22日　競争があるからこそ

競争があるから、お互いが知恵を働かす。品質向上や適正なコストの実現に努力する。

競争があること自体は好ましいことである。競争があることによって、お互いに相手に負けないように知恵を働かせ、努力もする。そういうところから、製品の品質も向上し、コストもより合理化されて適正なものになってくる。競争のないところでは、やはりどうしても品質もあまりよくならないし、コストも高くつくということは、お互いにしばしば見聞するところである。

『実践経営哲学』

10月23日　自分の店舗と街の品位

自分の店は、自分のものであると同時に、自分が住む環境の一部をなすものである。

自分のお店を常にきれいにし、お客様が入りやすいよう、また商品が見やすいようにすることは、商売を発展させていくために、非常に大事なことの一つだと思います。ただ、そのように店舗をきれいにするということについては、単にお客様の購買意欲を高めるためということだけではなく、より一段高い理由からも、大いに力を入れる必要があると思います。

その理由とはどういうことかといいますと、自分の店舗は、自分の商売のためのものであると同時に、自分の街《まち》の一部をなすものである。だから、自分の店舗のあり方は、その街の美醜《びしゅう》にも大きな影響を与えるということなのです。一つの街に好ましい店舗ばかりが並んでいれば、その街は、生き生きと活気に満ちたきれいな街になります。街全体に好ましい環境が生まれます。

したがって私たちは、そうした街を美化するというか、街の品位を高めるという一段高い見地からも、自分の店舗をきれいにしていくことが大事だと思うのです。それは〝社会の役に立つ〟という商売の真の使命に基づく一つの尊い義務ともいえましょう。またそれは同時に商売の繁栄にも結びつくものだと思います。

『商売心得帖』

10月24日　対立しつつ調和する

正しい意味での競争を行いつつ、その対立、競争の中に調和を見出していく。

その業界に属する店がそれぞれに健全で、お客様に信用されるものでなければなりません。もしそうではなく、業界の中に不健全な店が多ければ、「あの業界はダメだ。信用できない」ということになって、業界全体としても共同の大きな損害を受けることになってしまうと思うのです。

そういうことを考えてみますと、お互い商売を進めていく上で、自分の店を健全なものにしていくことがまず第一に大切なのはいうまでもありませんが、それと同時に、他のお店ともうまく協調して、業界全体の共通の信用を高めるということも配慮していかなければならないと思います。もちろんそうはいっても、他のお店と仲よくすることのみにとらわれて、互いに競争するという姿が生まれてこないということではいけません。そういう競争のない状態からは、業界の進歩、発展というものはやはり生まれてこないでしょう。ですから、お互い正しい意味での競争、秩序のある対立というものは大いに行わねばなりませんが、その対立、競争の中に調和を見出《みいだ》していく。つまり対立しつつ調和することによって、自他ともの健全化を考え、同時に業界全体の信用を高めることを考えていくことが肝要だと思います。

『商売心得帖』

10月25日　大衆の判断

大衆はいいかげんで信用できないと考えるか。そうではなく、神のごとく正しいと考えるか。

企業活動はいろいろなかたちで、直接間接に世間、大衆を相手に行われている。その世間、大衆の考えるところ、行うところをどのように見るかということは企業経営の上で極めて大切である。

世間はいいかげんで信用できないものだと考えれば、経営はそれに即したものになっていくし、世間は正しいと考えれば、世間の求めに応じた経営をしていこうということになる。

その点、私は世間は基本的には神のごとく正しいものだと考えている。そして一貫してそういう考えに立って経営を行なってきた。

もちろん、個々の人をとってみれば、いろいろな人がいて、その考えなり判断なりがすべて正しいとはいえない。また、いわゆる時の勢いで、一時的に世論が誤った方向へ流れるということもある。しかし、そのように個々には、あるいは一時的には過《あやま》つことがあっても、全体として、長い目で見れば、世間、大衆というものは神のごとく正しい判断を下すものだと私は考えている。

『実践経営哲学』

人間同士、共存共栄の理念は、長くつきあえばわかってもらえるものである。

例えばオランダは、国土が九州よりも狭く、国内だけを相手にしているのでは大企業は成り立っていかない。大きな会社は全部、海外で仕事をしているんです。そのことが本国のオランダを益し、相手国にも何らかのかたちでプラスになっている。この姿に刺激されましてね。

松下電器も、日本の将来を考えると、やはりそこまでやらないといけない。やれるのならやるべきだ。では、やるのならどんな理念に基づいて実施すべきか、となりました。欧米の会社の真似《まね》をするだけではお粗末ではないか。松下電器としての一つの意義を見出《みいだ》さなければならない。そこで僕は、共存共栄の理念を明確に打ち出すことを決意したのです。相手方が、いわゆる発展途上国の場合には、商売をするんじゃない。相手の国がどうしたら栄えていくのか、を最重点に考える。その国を発展させ、その国の利益を生み出す仕事をしていこう、そうはっきりと腹を決めました。共存共栄の理念は、話せばわかってくれます。一時は誤解があっても、長くつきあえばわかってもらえるものなんです。お互いに人間じゃありませんか。

『道は明日に』

10月27日　生かしあう時代

日本と日本人の特質を正しく把握する。その上で、他国から学び、吸収する。

日本人であるならば、日本なり日本人としての特質というものを正しく理解し、これを正しく他の国々の人に伝えつつ、共同の幸せを求めていくことが大切だと思うのである。もちろん、国際化時代には、他国から学ぶものも一層多くなるだろう。その点は、謙虚に学び、素直に吸収していかなければならない。新しい知識、新しい技術を、人類共有の財産としてともどもに生かしあうところに、人間の進歩があり発展があるからである。

しかし、国際化時代においては、大いに学び、吸収するだけであってはならない。日本からも諸外国に積極的に伝え、これを参考にしてもらうものがなければならないと思う。それは経済的なものだけでなく、伝統とか文化とか、ものの考え方とか、そういった物心両面にわたって考えられるのではないだろうか。

つまり国際化時代は、世界人類が、ともに教え、ともに学び、それぞれの知恵と体験を生かしあっていく時代なのである。それだけに、お互い日本人は、世界全体をみつめるとともに、まず自分自身なり、自分たちの国家、社会そのものを、しっかりと把握しておくことが先決であるといえよう。

『若い君たちに伝えたい』

10月28日　企業発展の唯一の道

すべての関係先との共存共栄こそ、企業が発展を続ける唯一の道となる。

企業が事業活動をしていくについては、いろいろな関係先がある。仕入先、得意先、需要者、あるいは資金を提供してくれる株主とか銀行、さらには地域社会など、多くの相手とさまざまなかたちで関係を保ちつつ、企業の経営が行われているわけである。そうした関係先の犠牲において自らの発展をはかるようなことは許されないことであり、それは結局、自分をも損なうことになる。やはり、すべての関係先との共存共栄を考えていくことが大切で、それが企業自体を長きにわたって発展させる唯一の道であるといってもいい。

例えば、需要者の要請に応《こた》えてコストダウンをしていくために、仕入先に対して値段の引下げを要請する。これは、どこでもよくあることである。しかし、その場合に、ただ値引きを要求するだけではいけない。値段を下げても、なおかつ先方の経営が成り立つ、言い換えれば、先方の適正利潤が確保されるような配慮が必要なのである。私自身は常にそのように考えてやってきた。

『実践経営哲学』

10月29日　公のための怒り

指導者は私情にかられず、公のための怒りをもって事にあたることが肝要である。

一国の首相は首相としての怒りをもたなくてはならないし、会社の社長は社長としての怒りをもたなくては、本当に力強い経営はできないといってもいい。まして昨今のように、日本といわず世界といわず、難局に直面し、難しい問題が山積している折には、指導者はすべからく私情にかられず、公《おおやけ》のための怒りをもって事にあたることが肝要であろう。

『指導者の条件』

10月30日　資本の暴力

資本は現代において一つの強い力。正しく行使してこそ、社会に有益に働く。

この会社では部品一個二十円で売っていたのだが、最近ある大資本の会社が、この部品の製造にも乗り出して、これを十円で売り出した。どう会社を合理化しても、相手がこちらの半額ではとても競争できない。これでは会社が潰《つぶ》れることは火を見るよりも明らかだから、ぜひ私のほうで引き受けてくれ、と言われる。

「ではその相手のメーカーさんは、製造過程を改良してそんなに安く売ってもいいほどコストが安くつくようになっているんですか」「いや、絶対にそんなことはおまへん。私も長年この仕事をやっているんでようわかってますが、とてもそんな値では売れるはずがない。これは結局、自分とこが大資本だというので損を覚悟で売りまくって、市場の占有率をうんと高めようとしてるのです」

一方だけの話で速断するのは危険だが、もしこれが事実なら、それは資本の暴力というものである。資本は現代においては一つの強い力なのである。これを正しく行使すれば、社会に有益な働きをするが、誤って使えばとんでもないことになる。私的な横暴となってその業界を乱し、ひいては社会全体に大きなマイナスを生み出してしまう。

『なぜ』

思想にも寿命がある。だからこそ、これからの新しい“繁栄主義”に期待したい。

僕はすべてのものに寿命があると思っています。例えば路面電車。今は、だんだんなくなりつつあります。文明の利器として市内電車があらわれ、「こらええ、便利なもんがでけたなあ」と、みんなが驚き、電車はどんどん増えていきました。それが今度は邪魔になったから取り払われてしまうまで、わずか六十年ですよ。男の平均寿命の七十歳よりも短いんです。

思想でもね、資本主義という思想もあれば、共産主義もあるし社会主義もあるし、いろいろありますが、それぞれ何年間かの寿命か、ということじゃないでしょうか。これにも必ず寿命があります。寿命があればこそ、新しい〝繁栄主義〟にバトンを託し、世の中の前進をはかる楽しみ、期待がもてる、というものです。

『道は明日に』

人生を創るための「金言」ノート（3年分）

10月の全日分を読了後、「①どの言葉・文章が心に強く響いたか」「②それはなぜか」「③今後の行動にどう生かすか」を自問自答して、毎年、簡潔にまとめてみましょう（書き込んだ日付も忘れずに）。その記録を時折読み直し、自らの成長の糧にしましょう。

年　月　日

年　月　日

年　月　日

11月

人間を考える

11月1日　運のある人もない人も

運のある人だけでなく、運のない人も必要。両方がいて、人間生活が成り立っている。

世間で俗にいう運のある人、運のない人、これはどちらも必要なんですよ。みんな運のない人ばかりでも、またみんな運のある人ばかりでも困るんです。それでは人間生活が成り立たない。

例えば芝居を見てごらんなさい。舞台で堂々と立ち回る人もいれば、縁の下で働いている人もいる。そのどちらも必要なんです。そうでなければ芝居はできんのです。芝居の必要性からいえば、千両役者も舞台を回す人も、どちらも同じ仕事をしていることになる。

舞台を回す人がいなければ、千両役者が千両役者になれないのです。だから、運のいいやつは得だなあ、と思うことはあさはかで、運のある人で成功した人も、その運命に従っているわけだし、運の悪い人も自分の運命に従っているわけです。大きく見ると、どちらも必要なんです。だから運のいい人だけを尊敬し、運のない人を尊敬しないというのは間違っている。舞台裏で働いている人も千両役者も、同じように尊敬しなければいけない。

『松下幸之助発言集19』

11月2日　白銅の五銭玉

人間の心とは妙なもの。きっかけ一つで寂しさや悲しさが吹きとんでしまう。

奉公に出てから半月ほどたつと、給料というか小遣いというか、親方から五銭玉をもらった。ピカピカに光った白銅の五銭玉である。私は驚いた。家にいる時には、毎日学校から帰ってくると、母から一文銭をもらってアメ玉二つを買って食べていた。五銭というと、その一文銭五十枚分である。そんなまとまった金をもらったことなどもちろんなかった。だから生まれて初めてもらった五銭玉である。私は嬉《うれ》しくなった。もらった五銭玉を手のひらにのせて、じっくりと眺めた。〝ほほう、ずいぶんたくさんもらえるのだな〟というのが実感である。しかもこれを月に二度もらえるという。丁稚《でっち》奉公をするのは、まことに寂《さび》しいけれども、しかし、ここでこうやって奉公しておれば、五銭玉がもらえる。これは、そう悪くはない、満《まん》更《ざら》でもないという気が、知らず識《し》らず湧《わ》いてきたのではないかと思う。

というのは、その五銭玉をもらった日から、不思議なことに夜寝る時になっても涙が出てこなくなったからである。人間の心というものは、まことに妙なものである。初めての五銭玉の威力によって、寂しさや悲しさが吹きとんでしまった。そして、新しい気持ちでまた奉公に励む、ということになっていったのである。

『人を活かす経営』

11月3日　習性は第二の天性

勤勉努力という習性が身につく環境に、青年期から身をおくことが大切である。

私が考えるのに、今日《こんにち》実社会を見ると、やはり、勤勉努力がなされている。商売人といわず、商店といわず、会社といわず、勤勉努力するところがやはり伸びている。言葉の上では、勤勉努力というようなことは、あまりいわないけれども、実際の社会は勤勉努力によって動いているし、そういうことによって、皆、伸びている。そうなると、やはり今の若い人たちにも、勤勉努力を説かなければならぬという感じが起こってくる。

さらに考えると、私はやはり、習慣、習性というものが、人間が生きていく上に非常に大切だと思う。習性は第二の天性といわれる。それほど強い力をもっている。だからよい習性を身につけることが非常に大事だと思う。よい習性を身につけずして、怠《なま》け者というか、よくない習性が身についてしまったら、途中からこれを直そうとしても、なかなか難しい。そうしてみると、青年のうちに勤勉努力、奮闘努力というよい習性のつく環境に身をおくことが、何といっても大切だと思う。

『仕事の夢 暮しの夢』

提案を用いることができない人は発展しない。絶えず相談し、力を借りる人は成果をあげる。

一人の意志で決めたことには欠点が多い。それを「こういうふうにやりたいと思うので、これをやらないといかんと思うんだが、しかし、諸君の考えはどうか」と聞く。それにはいい提案もあれば悪い提案もある。悪い提案は除かないといかん。しかしいい提案であっても、これを用いるだけの雅量《がりょう》というか、そういう心がまえの薄い人は、自らは非常に意志の力をもって偉い人でありながら、結論としては成功しない、発展しない。反対に、意志の力は強いが、無茶苦茶《むちゃくちゃ》に頭がよくて見事にやるわけでもない、絶えず人と相談して、よその力を借りているという人は、案外大きな仕事をし、社内であっても非常に成果をあげていくということがある。

それは一人ではやらない。遂行するという意志の力はむろんもっているけれど、それがためになお一層多くの人に協力してもらう。何とかしてこれをやりたい、やらなければならんと思うだけに、なお多くの人から力を貸してもらうという態度をとる人と、これがいちばんいいんだ、俺の賢い頭で考えたんだ、これをやれ、という人と二色《ふたいろ》あるわけですな。それが非常に極端であるか、極端でないかということで、その間《あいだ》には幾色《いくいろ》もありますがね。

『松下幸之助発言集25』

11月5日　サービスは社会を潤す

サービスは人に喜びを与える正しい礼儀。人、店、会社、国に潤いをもたらす。

特に、今日《こんにち》は潤《うるお》いが乏《とぼ》しくなってきましたからな。サービス精神という潤滑油が、もっと求められてもいい時代じゃないですか。商売している人はもちろん、すべての人が、サービス精神に欠けてはいけませんよ。友人に対しても、自分の会社、商店、社会に対してもすべてサービスですよ。国と国の間《あいだ》でも、サービスを怠《おこた》る国は落伍《らくご》します。落伍しないまでも、人気を落としましょうな。廊下で会っても、ちょっと笑顔で会釈《えしゃく》して通るのがサービス。だからサービスというのは正しい礼儀でんな。

商売のコツはいろいろありますけど、一つは、費用はあんまりかけずに多くのサービスができるということですわ。そうしますと、物も安く供給できますしね。そやから、笑ってサービスするのが、いちばん金もかからず、他人に喜びも与えられる。こんなのがいちばんよろしいな。そういうことがコツやないでしょうか。

『松下幸之助発言集18』

11月6日　教えずしては

教えることに熱意をもちたい。教えられることに謙虚でありたい。

人間は偉いものである。たいしたものである。動物ではとてもできないことを考え出して、思想も生み出せば物もつくり出す。まさに万物の王者である。

しかしその偉い人間も、生まれ落ちたままにほうっておいて、人間としての何の導きも与えなかったならば、やっぱり野獣に等しい暮らししかできないかもしれない。

古来どんなにすぐれた賢者でも、その幼い頃には、やはり父母や先輩の教えを受け、導きを受けてきた。その上に立っての賢者であって、これらの教え導きがなかったら、せっかくの賢者の素質も泥に埋もれたままであったろう。

教えずしては、何ものも生まれてはこないのである。教えるということは、後輩に対する先輩の、人間としての大事な務めなのである。その大事な務めを、お互いに毅然《きぜん》とした態度で、人間としての深い愛情と熱意をもって果たしているかどうか。

教えることに、もっと熱意をもちたい。そして、教えられることに、もっと謙虚でありたい。教えずしては、何ものも生まれてはこないのである。

『道をひらく』

大切なことは何度でもくり返して言う。あわせて文章にもしておく。

どんなにいいことを言っても、口に出した言葉はすぐに消えてしまう。聞いたほうもすぐに忘れてしまう。よほど印象深く聞いた言葉なら、そうすぐには忘れもしないだろうが、普通は二、三日もすればほとんど忘れてしまうことが多いのではなかろうか。ところが、言ったほうの人は、相手は覚えているのが当然だと考えがちである。したがって、覚えていないことがわかった場合、けしからん、ということにもなりかねない。けしからんといえば、確かにけしからんことではあるけれども、しかし、人間の記憶力などは一面頼りないものである。しっかり覚えていなければならないとは考えても、すぐに忘れてしまいかねない。そこで、どうすればよいか、ということである。

一つは、くり返し話すことである。大切なこと、相手に覚えてもらいたいことは、何度も何度もくり返して言う。二度でも三度でも、五へんでも十ぺんでも言う。そうすれば、いやでも頭に入る。覚えることになる。それとあわせて、文字を綴《つづ》って文章にしておくということも大切だと思う。文章にしておけば、それを読みなさいと言えば事足りる。読んでもらえば、くり返し訴えるのと同じことになる。

『人を活かす経営』

11月8日　人の働きを邪魔しない

人間は本来、働きたいもの。だからこそ、懸命に働く人の邪魔をしてはならない。

人間というものは、もともと働きたい、人のために役立ちたいという気持ちをもっているものです。「君は、仕事をせんで遊んでおったらいい」と言われたら、一時的には喜ぶ人もあるでしょうが、時間がたてば、大抵は困ってきます。そういう人間本来の性質を思う時、私は部下に大いに働いてもらうコツの一つは、部下が働こうとするのを、邪魔しないようにするということだと思います。もともと働こうと思っているのに、それに水をさすようなことを言われれば、部下としては面白くありません。〝今日《きょう》一日、休んでやろうか〟といったことになってしまいます。

私は、社員の人たちが一所懸命働いているのを、できる限り邪魔しないよう心がけてきました。しかし、それでは注意も何もしないのかというと、そうではありません。責任者として言わなければならないことは、ちゃんと言うように努めてきましたが、その際に、働くのを邪魔するような言い方をしないよう気をつけたわけです。よく、「あの人のもとだと、何となしに働きやすい」とか、「あの人は自分をよく理解してくれる」といったことが言われますが、それは結局、邪魔をしないからだと思います。

『社員心得帖』

11月9日　持ち味を認める

適材適所を行うには、お互いの持ち味を認め、その持ち味を生かすことが必要になる。

こんな話を読んだことがある。楠木正成《くすのきまさしげ》の家臣に泣き男といって非常に泣くことの上手《じょうず》な者がいた。彼が泣くとまわりの者までがつい涙を誘われてしまうので、他の家臣は彼を家中におくことをいやがった。しかしある戦《いくさ》の折、正成は自分が討死《うちじに》したように見せかけ、その男に僧の姿をさせて、いかにも悲嘆にくれて菩提《ぼだい》を弔《とむら》っているようなふりをさせた。その泣き方が全く真に迫っていたので、敵方もすっかりそれを信用し、正成は戦死したものと安心してしまった。そこを見すまして正成は不意討ちをかけ大勝利を得たというのである。泣き男などという、およそ武士にはふさわしくない家臣でも、それはそれとして認めて、その上でその持ち味を生かした作戦を考え、戦果をあげたわけである。そういうところにも正成の名将たるゆえんがあったのではないかと思うし、またそれはすべての人をあるがままに認めて適切な処遇によって生かしていくという人間道の考え方に通じるものだといえよう。現実の経営には、年功とかその他いろいろな問題もあって、一〇〇%適材適所を行うということは難しいものがあるけれども、まずそれぞれの人の持ち味を認めて、なるべくすべての人を生かすように努めていくことが大切だと思う。

『事業は人なり』

11月10日　理屈では割り切れない

得でも断り、損でも引き受けるというような、人の微妙な心の働きをわきまえて行動したい。

人間は、例えば人から何か頼まれるというような場合、いわば〝利害によって動く〟という面と、〝利害だけでは動かない〟という二つの面をもっていると思います。話をもちかけた人の態度にどこか横柄《おうへい》なところがあったり、高飛車《たかびしゃ》なところが感じられたりすると、それが自分にとってどんなに得になる話であっても、断わってしまうことがあります。反対に、たとえ自分にとって負担がかかり、損になることでも、頼む人の態度が非常に丁寧《ていねい》で誠意あふれるものであったなら、ついついその誠意にほだされて、引き受けてしまうこともある。お互い人間には、そうした理屈では割り切れないような微妙な心の働きがあるのではないかと思うのです。

ですから、人にものを一つ頼むにしても、そうした二つの心の働きのアヤというものをよくわきまえて行動することが大切で、そのような人情の機微《きび》にふれた行き方をお互いに実践することによって、よりスムーズな人間関係も築かれていくのではないかと思うのです。

『人生心得帖』

11月11日　ものを生み出す原動力

心の通いあいの中に、仕事をはかどらせ、ものを生み出す原動力がある。

例えば、君が、課長と一緒に夜遅くまで残業をしたとする。そうすると、君は若いから元気でも、相当年輩の課長には、疲れが感じられることもあるだろう。そんな時に「課長、ひとつ肩でももみましょうか」ということが言えるかどうか。

会社は仕事の場なのだから、そんなことを言う必要もないといえば確かにその通りである。しかし、もし君がそういうことをひと言、ふっと言ってあげたら、それは、どれだけ課長の慰《なぐさ》めとなることか。「じゃあ、もんでくれ」と言う場合は滅多にない。大抵は、「いや、結構だ。ありがとう」と言うに違いない。しかしそのひと言で、課長の心には、アンマをしてもらった以上の喜びが生まれる。そして課長の口からは、「遅くまで引き止めてすまんな。デートがあったんと違うか」といった和《なご》やかな言葉が出るだろう。

僕はそういう心の通いあいの中に、仕事がはかどり、ものを生み出す原動力があると思う。だから、君にも、そういう思いやりが、上司に対してはもちろん、周囲の人たちに対して自然にできる人になってもらいたいし、そうなってこそ、君の仕事の成果も大いにあがるのではないか。

『社員心得帖』

ほめることは、いたわることであり、お互いを結びつける大切な絆である。

夫婦というものを、これだけ長く続けてきますと、時に、「夫婦にとって大事なことは何でしょうか」と尋ねられることもあるのです。僕は、それに答えるにふさわしい人間かどうかわかりませんが、しかし僕なりに、これだけは大事だと思うようなことがあるのですね。

それは、奥さんというのは、然《しか》るべくご主人をほめるというか、その長所をよく認め、素直にそれを伝えていく、またご主人のほうもある程度奥さんをほめていくということです。ほめるということはいたわりであり、お互い人間同士をしっかり結びつける一つの大切な絆《きずな》ではないかと思うのですね。

僕は、これまでにたくさんのご夫婦を見てきましたが、あまりうまくいっていないご夫婦はどうもあまりほめあっていないように思える。その反対に、うまくいっているご夫婦は、たくまず自然のうちに、お互いがほめあっている、そういうことがいえると思うのです。男というものは、いや人間というものは他人からほめられるのも嬉《うれ》しいものですが、自分の奥さんなり、ご主人からそういうことを言われると、ひとしお嬉しいものですね。

『人生談義』

1月 2月 3月 4月 5月 6月 7月 8月 9月 10月 11月 12月

11月13日　嫉妬心は狐色に妬く

嫉妬心も生かすことができる。ほどよい嫉妬は人間生活を和らげてくれる。

嫉妬《しっと》心というのがあります。これは一つの法則であります。人間にはこういう嫉妬心があるということを、お釈迦《しゃか》様も言っておられるのですが、しかしこれはお釈迦様がつくったのではありません。宇宙根源の力によって人間に与えられた一つの法則であります。お釈迦様はそれに気がつかれたのであって、それはちょうど、ニュートンが万有引力を発見したのと同じであります。

そこでこの法則をどう取り扱うか、ということが問題になるのであります。この嫉妬心は宇宙の法則として与えられている限り、これを取り除くことはできません。あたかも、万有引力をなくすることができないのと同じであります。ところがこれが宇宙の法則であることに気づかないと、かえって人間を不幸に陥《おとしい》れるのであります。しかし、なくすることはできないといって、また濫用《らんよう》すると非常に醜《みにく》い姿になります。無茶苦茶《むちゃくちゃ》に嫉妬心を表してしまうと、これは法則を生かさないのと同じであります。そこで、嫉妬心は狐色《きつねいろ》にほどよく妬《や》かなければならないのであります。すなわち、狐色に妬くと、かえって人間の情は高まり、人間生活は非常に和《やわ》らいでくると思うのであります。

『PHPのことば』

11月14日　老いも若きも尊重しあう

年齢によって異なる持ち味を生かしあえば、より力強い社会の働きが生み出されてくる。

例えば、五十、六十になって、なおかつ社長という責任ある地位にあり、その仕事を遂行して立派に成果をあげておられる方でも、これはその人一人だけの力で、そういう姿を生み出しているのではない。やはり、その人の部下というか、三十歳、四十歳の、周囲の人たちの協力があり、その上に自らの経験を働かせているからこそできているのだ、ということをよく知らなければなりません。

また、三十、四十の人たちも、自分たちのもてる力がより生かされるのは、先輩たちの豊かな経験に導かれているからだということをよく知る。加えて、やがては自分たちも年をとり、将来は自分たちもこの先輩たちと同様の立場に立つのだということを考えて、その経験を学んでいこうという姿勢をもつことが大切だと思います。

それぞれが発揮する持ち味は年齢によって違いますが、老いも若きも、その年齢による違いを尊重しあい、それぞれを生かしあっていく。そういうところから、より力強い社会の働きというものも生み出されてくるのではないかと思うのです。

『人生心得帖』

11月15日　長所に七分、短所に三分

人間には誰しも長所と短所がある。主として長所を見、伸ばすよう心がけたい。

人間というものには、誰にも、長所と短所がある。そういうさまざまな長所と短所をもつ人を使って仕事をしていく場合、努めてそれぞれの人の長所を見ていくことが大事だと思う。長所を見れば、「彼はなかなか立派な男だ」ということになって、かなり大胆にその人を使うことができる。またその人も、自分の長所を認めてもらえれば嬉《うれ》しいから、張り切って仕事をする。いきおい仕事の成果もあがり、その人も育つ。

ところが、短所に目がいくと、「この男はこの点がダメ、あの男はここがもうひとつ……」ということになるから、なかなか思い切った起用ができない。またそう見られたほうも何となく面白くないし、萎縮《いしゅく》してしまって、十分な成長ができなくなる。

だから、長所ばかり見て短所を全く見ないということではいけないだろうけれども、主として長所を見て、その長所を伸ばしていくように心がける。長所に七分、短所に三分といった目の向け方をしていくことが大事だと思う。

『松下幸之助 経営語録』

さまざまの人から豊かな働きが生み出される。いろいろの人があってよかった。

春が来て花が咲いて、初夏が来て若葉が萌《も》えて、野山はまさに華麗な装いである。さまざまの花が咲き、さまざまの草木が萌え、さまざまの鳥が舞う。さまざま、とりどりなればこそのこの華麗さである。この自然の装いである。

花は桜だけ、木は杉だけ、鳥はウグイスだけ。それはそれなりの風情はあろうけれども、この日本の山野に、もしこれだけの種類しかなかったとしたら、とてもこの自然の豊かさは生まれ出てこなかったであろう。

いろいろの花があってよかった。さまざまの木があってよかった。たくさんの鳥があってよかった。自然の理《り》のありがたさである。人もまたさまざま。さまざまの人があればこそ、豊かな働きも生み出されてくる。自分と他人とは、顔も違えば気《き》性《しょう》も違う。好みも違う。それでよいのである。違うことを嘆くよりも、その違うことの中に無限の妙味を感じたい。無限の豊かさを感じたい。そして、人それぞれに力を尽くし、人それぞれに助けあいたい。

いろいろの人があってよかった。さまざまの人があってよかった──。

『道をひらく』

11月17日　知識にとらわれる人は弱い

自分がもつ知識にとらわれると、できない理由ばかりを考えてしまいかねない。

自動車王といわれたヘンリー・フォードの言葉に、「いい技術者ほど、できないという理論を知っている」というのがあります。これはどういうことかといいますと、フォードは企業経営において、コンベア・システムをはじめ次から次へと新しいアイデアを生み出した人ですが、それを彼の工場で生かすため、技術者のところへ相談に行くと、「それは社長、無理ですよ、できません。理論上から考えても無理です」と言うことが多い。特にすぐれた技術の持ち主ほど、そうした傾向が強く、困ったものだと述懐しているのです。私は、このフォードの言葉について、これはこれで一つの真理をついていると思います。

というのは、わが国でもよく〝インテリの弱さ〟という言葉を聞きますし、私たちも実際に口にします。しかし考えてみますと、インテリの弱さというのはおかしな言葉です。十分に学業を修め、知識をもっている人が弱いはずはありません。また実際、世の中にはある一定以上の知識がなければできないことのほうが多いと思うのです。にもかかわらず、なぜインテリが弱いといわれるのでしょうか。私はそれは結局、その人が、もっている知識にとらわれる場合にそうなるのだと思います。

『社員心得帖』

11月18日　衆知のカクテル

世界中の知恵がうまく混合された知恵は、まことに偉大な働きをする。

偉人、賢人といわれる人は、まことに尊敬すべき偉大な才能を有しておられますが、それでもなお、その偉人一人の知恵才覚だけでワンマン的に経営されるのは、絶対にいけないと思うのであります。一人の賢人、一人の偉人のみによって専制的に経営される国家というものは、ヒットラーやムッソリーニの国家のようになります。一時は発展しても、やがて崩壊するでありましょう。だから私は、いかんと思うのであります。

しからばどの経営がいいか、最高の経営は何かというと、それは衆知《しゅうち》による経営ということであります。全衆知に基づく経営ということであります。

人間は神でもなければ動物でもない。人間は人間でありますが、しかし衆知に基づいた知恵才覚というものは、これは神のごとき働きをするのであります。今、全世界中の人の衆知がもしうまくカクテルされて、それが一つの知恵となって我々人間に下ってきたならば、それは神の知恵といってもよいと思うのであります。ですから、中心に立つ人が、自己の知恵のみによらず、衆知をカクテルにしてこれを活用するならば、これはまことに偉大な働きをすると思うのであります。

『松下幸之助発言集23』

11月19日　病気を少なくする心

素直な心が高まると、悩みが少なくなり、心の病気を減らせるのではないか。

素直な心になれば物事の実相もわかり、ものの道理もわかります。だから例えば自分の立場のみを中心にして物事を考えるとか、自分の感情や利害にとらわれて事を判断するようなことがありません。しかもその心が高まっていけば、融通無碍《ゆうずうむげ》の働きをすることもできるわけです。

したがって、自分の感情が満たされないために悩むとか、自分の利益が損なわれるから悩むとか、物事がうまくいかないから悩むなどといった姿は、あまり起こってこなくなるでしょう。そして常に心は安らかに安定するだろうと思います。だから、心の面、精神面から来る病気というものは、お互いが素直な心を高めていくことによって、しだいに少なくしていくことができるのではないかと思われます。

『素直な心になるために』

11月20日　外国に行く資格のある人

自分の国の長所と短所をよく知り、はっきりと語ることができる人でありたい。

「私どもの国日本はダメです。いいものは何一つありません。私ども日本人もまことに頼りない国民です。信用したらいけません」というようなことが、不用意にも口をついて出るというような心境であってはならない。そういうことでは、日本はやはり信頼される国にはならないだろうし、ひいてはそういうことを言っている本人も信頼されないだろう。私は、そういう人には、外国へ行ってほしくないと思う。いや、外国へ行く資格がないとさえ思うのである。

外国へ行ったり、外国人と交際したりする前に、まず自分の国というものをよく知らなければならない。お互い日本人であれば、日本の長所と短所というものをちゃんと噛《か》み分けて語れなければならない。長所についても遠慮なく話し、短所のほうも聞かれた時にははっきりと答える。そして結論としては、「日本人は世界に奉仕しています。私どもを友人にしてくださることはあなたのお得です。決してあなたのご迷惑になったり、名誉を傷つけるようなことはいたしません」というようなことを、信念をもって語れる人であってほしい。

『若い君たちに伝えたい』

1月 2月 3月 4月 5月 6月 7月 8月 9月 10月 11月 12月

11月21日　“もう一度”と自らを励ます

成るか成らぬかの見極めをした上で、自らを励まし、勇気とねばりで挑戦する。

世の中は常に変化し流動しているものです。ひとたびは志を得なくても、それにめげることなく、〝もう一度やってみよう〟と、気を取り直して、再び辛抱強く地道な努力を重ねていく。そうすると、そのうちに周囲の情勢が有利に転換して、新たな道がひらけてくるということもあるものです。世の中でいう失敗の多くは、そういう辛抱ができず、成功するまでに諦《あきら》めてしまうところに原因があるのではないでしょうか。

もちろん、そうはいっても、何かにとらわれてただいたずらに一つのことに頑迷《がんめい》に固執するということであってはなりません。一つのことにとらわれるあまり、理《り》にはずれた方向への努力を続けていたのでは、どれほど辛抱強く取り組んだとしても、やはり成果はあがらないでしょう。ですから、成るものか成らぬものかの見極めは必要です。しかし、よくよく考えて、それが理にかなっていると思えば、簡単に諦めてしまわず、〝もう一度〟と自らを励まし、思いを新たに挑戦していく、そのことが極めて大切なのではないでしょうか。〝もう一度〟〝もう一度〟、この勇気とねばりが、事態を切りひらいていくのだと思うのです。

『人生談義』

11月22日　派閥も活用次第で

派閥も人間の本性と容認して、共同の繁栄のために、適正に活用すればいい。

今日《こんにち》、政治の分野などで〝派閥解消〟が叫ばれています。確かに、いたずらに派閥をつくり、派閥の利害にとらわれて分派活動をし、全体の調和を乱すことは、決して好ましいことではありません。しかし、派閥をつくるのが人間の一つの本性《ほんせい》だとすれば、これはいかに努力しても解消できないのではないでしょうか。それを無理に解消しようとすれば、かえって弊害を生む結果にもなりかねません。ですから大事なことは、派閥というものに対しても、これを人間の本性に基づくものとして容認した上で、自らの利害得失にとらわれることなく、共同の繁栄のために適正に処遇しあい、活用しあっていくことだと思います。そしてその際に必要なのが〝和を以《もっ》て貴しと為《な》す〟という精神だといえましょう。

そういうことが、千四百年も前に国の憲法の第一条にはっきりと記されているのです。

『人間を考える』

11月23日　人間をしっかりと把握する

繁栄、平和、幸福をもたらす人間観を、主権者がもたなくてはならない。

それぞれに立場は違っても、人はみんな、繁栄、平和、幸福を望んできたと思います。そういう人間の願いは、この世の中に等しく共通に存在しているにもかかわらず、そのなすところ、その行うところ、そのあらわれた結果は、全く違っているのはなぜであろうか。こういう疑問が私なりに強く感じられたのです。そして、すべての人間の願いとは裏腹な不幸を生んでいるのは、人間が人間自身をしっかりと把握していないからではないか、というふうに感じたのです。

性悪説と性善説との二つの人間観がある。この場合、そのどちらをとるかによって、あなたの人間観は変わってきましょう。性悪説をとる帝王なり主権者、あるいは政治家からは、やはりそういう政治が生まれ、性善説を抱《いだ》く主権者のもとでは、それを前提とした政治が生まれるはずです。権力の地位にある者の人間観の違いによって、政治のやり方、経済の運営に違いが出てくる、と私は思ったのです。

しかしまた一方では、性悪説も性善説も、どちらも正しいという人もある。人間の本性はもともと悪であるという説も正しく、善であるとする説も正しいという。本当にそうであろうか。これは研究してみなければわからない。

『若さに贈る』

11月24日　共同生活を発展させる存在

万物を活用して、お互いの共同生活を、無限に発展させるところに人間の本質がある。

私自身の経営理念の根底にも、私なりの人間観というものがある。それは一言《いちごん》にしていえば、人間は万物の王者ともいうべき偉大にして崇高《すうこう》な存在だということである。

生成発展という自然の理法に従って、人間自らを生かし、また万物を活用しつつ、共同生活を限りなく発展させていくことができる。そういう天与の本質をもっているのが人間だと考えるのである。

『実践経営哲学』

11月25日　万物の王者として

人間は、いつくしみと公正な心をもって、一切を生かす責務を負う存在である。

今日《こんにち》のような高度な文明、文化を築き上げてきたのも人間なら、同時に悩み、争い、不幸などを絶えず自ら生み出してきたのもまた、過去・現在における人間の一面である。だから、西欧においては、人間は神と動物の中間に位《くらい》するものであるということもいわれている。神のごときという面と、動物にも劣るといった面をあわせもっているのが人間であるというわけである。

私は人間が現実にそういう姿を呈していることを否定するものではもちろんない。いわば、神にも動物にも向かいうるという面を内にもっているのが人間であろう。しかし、そうしたいろいろな面をもった人間というものを総合的に見る時、人間は万物の王者としての偉大な本質をもっていると考えるのである。万物の王者というような表現は、あるいは不遜《ふそん》に響くかもしれない。しかし、私が考える王者というものは、一方においてすべてを支配、活用する権能を有すると同時に、いつくしみと公正な心をもって一切を生かしていく責務をも、あわせ負うものである。〝人間は王者である〟という意味はまさにそこにあるのであって、決して、単なる自己の欲望や感情などによって恣意《しい》的に万物を支配するということではない。

『実践経営哲学』

経営者には、その経営体を限りなく発展させていく権限と責務が与えられている。

経営者であれば、経営者はその経営体における〝王者〟である。そこにおける一切の人、物、資金などを意のままに動かす権限を与えられているのが経営者である。しかし同時に彼は、それらの人、物、資金すべてに対し、愛情と公正さ、また十分な配慮をもって、それぞれが最も生かされるような用い方をし、その経営体を限りなく発展させていく責務を負っているのである。

もし、経営者にそうした経営体における王者としての権限と責務に対する自覚が欠けていたら、その経営は決して十分な成果をあげることはできない。

人間は生成発展という自然の理法に従って、人間自身の、また万物との共同生活を限りなく発展させていく権能と責務を与えられている万物の王者である。そのことの自覚、すなわち人間自身による人間観の確立を根底に、個々の経営体における経営者としての自覚をもつ。そういうところから、確固たる信念に裏打ちされた力強い経営が生まれてくるのである。

『実践経営哲学』

11月27日　生成発展は自然の理法

古きものが滅び、新しきものが生まれる。それは自然の理法に従った生成発展の姿。

生成発展とはひと言で申しますと、日に新たということであります。毎日毎日が新しい人生であり、一瞬一瞬が新しい〝生〟であるということであります。毎日毎日が新しい生まれ変わりであり、一瞬一瞬に新しい生命が躍動しているということであります。これを言い換えますと、古きものが滅び、新しきものが生まれるということであります。すべてのものは一瞬の間《あいだ》も静止しておりません。絶えず動き、絶えず変わりつつあります。古きものがやがて滅びゆき、これにかわって新しきものが次々に生まれてくるのであります。この姿、これが生成発展の姿であります。そして万物すべてがそれに従って動いている自然の理法であります。すなわち、古きものが滅んで新しきものが生まれてくるのは、すべて自然の理法に従って営まれている姿であり、これは動かすことのできない宇宙の摂理《せつり》ではないかと思うのであります。

このように考えますと、生あるものが死にいたるのも、実は生成発展の姿であるということがわかってくるのであります。死ぬということは滅びるということであります。しかしそれは次に新しい生の芽生えを生み出しているのであります。

『松下幸之助の哲学』

11月28日　死も生成発展の姿

死を恐れ、避けようと考えるのではなく、生成発展の一つの過程ととらえたい。

今までは、ただ本能的に死を恐れ、忌《い》み嫌い、これに耐えがたい恐怖心をもってまいりました。またいろいろな教えも、死の恐怖を説いてきたのであります。まことに人情として無理もないことと思います。しかしながら、このように死を恐れ、死を避けたいと願う本能にかられるあまり、そこからいろいろな迷信を生み出し、混乱を招くようになったのであります。

そこで繁栄、平和、幸福を実現するためには、死に対するはっきりした考えをもたねばならないと思うのであります。死を賛美することは異常な考えでありますが、そうではなくて、真理に立脚し、自然の理法に基づいて従容《しょうよう》として死に赴《おもむ》く死生観をもたなければならないと思うのであります。

生成発展の原理はこれに対して答えを与えてくれます。すなわち生成発展の原理に立てば、死は恐るべきことでも、悲しむべきことでも、辛《つら》いことでも何でもないのであって、むしろこれが生成発展の一つの過程であり、万物が成長する姿であるといえるのであります。そして死ぬということは、この大きな天地の理法に従う姿であって、そこに喜びと安心があってよいのであります。

『松下幸之助の哲学』

11月29日　諸行無常と生成発展

諸行無常とは万物流転。それはすなわち、生成発展、進歩発展と考えたい。

諸行無常という教えがある。今日《こんにち》、一般には〝世ははかないものだ〟という意に解釈されているようだ。しかし、これを〝諸行〟とは〝万物〟、〝無常〟とは〝流転〟、つまり万物は常に変わってゆくものであり、そのことはすなわち進歩発展なのだという意味には考えられないだろうか。

人間の考え方も変われば社会も変わる。政治も国も変わってゆく。これ皆、進歩。

つまり、諸行無常とは万物流転、生成発展、言い換えると日に新たであれという教えだと解釈したいと思う。

『思うまま』

11月30日　縁を結んで

あるがままの姿を認めあうことで、縁が結ばれ、共栄の道を歩むことができる。

お互いを〝有縁《うえん》〟の輪で結びあわせたいのです。そのためには、お互いのあるがままの姿を認めつつ、全体として調和、共栄していくことを考えていかなければならない。それが、人間としての道、すなわち〝人間道〟というものです。お互いに〝人間道〟に立った生成発展の大道《だいどう》を、衆知《しゅうち》を集めて力強く歩みたいものだと考えております。

『道は明日に』

人生を創るための「金言」ノート（3年分）

11月の全日分を読了後、「①どの言葉・文章が心に強く響いたか」「②それはなぜか」「③今後の行動にどう生かすか」を自問自答して、毎年、簡潔にまとめてみましょう（書き込んだ日付も忘れずに）。その記録を時折読み直し、自らの成長の糧にしましょう。

年　月　日

年　月　日

年　月　日

12月

道を切りひらく

12月1日　逆境も順境も尊い

自分に与えられた境涯に生きる。逆境であれ順境であれ、素直に生きていく。

逆境——それはその人に与えられた尊い試練であり、この境涯《きょうがい》に鍛えられてきた人はまことに強靭《きょうじん》である。古来、偉大なる人は、逆境にもまれながらも、不屈の精神で生き抜いた経験を数多くもっている。

まことに逆境は尊い。だが、これを尊ぶあまりに、これにとらわれ、逆境でなければ人間が完成しないと思いこむことは、一種の偏見ではなかろうか。

逆境は尊い。しかしまた順境も尊い。要は逆境であれ、順境であれ、その与えられた境涯に素直に生きることである。謙虚の心を忘れぬことである。

素直さを失った時、逆境は卑屈を生み、順境はうぬぼれを生む。逆境、順境そのいずれをも問わぬ。それはその時のその人に与えられた一つの運命である。ただその境涯に素直に生きるがよい。

素直さは人を強く正しく聡明《そうめい》にする。逆境に素直に生き抜いてきた人、順境に素直に伸びてきた人、その道程《どうてい》は異なっても、同じ強さと正しさと聡明さをもつ。

お互いに、とらわれることなく、甘えることなく、素直にその境涯に生きてゆきたいものである。

『道をひらく』

12月2日　困っても困らない

困難な時にこそ、思いを新たにして、力強く自らの夢を開拓していきたい。

広い世間である。長い人生である。その世間、その人生には、困難なこと、難儀《なんぎ》なこと、苦しいこと、辛《つら》いこと、いろいろとある。程度の差こそあれ誰にでもある。自分だけではない。そんな時に、どう考えるか、どう処置するか、それによって、その人の幸不幸、飛躍か後退かが決まるといえる。困ったことだ、どうしよう、どうしようもない、そう考え出せば、心がしだいに狭くなり、せっかくの出る知恵も出なくなる。今まで楽々と考えておったことでも、それがなかなか思いつかなくなってくるのである。とどのつまりは、原因も責任もすべて他に転嫁《てんか》して、不満で心が暗くなり、不平でわが身を傷つける。

断じて行えば、鬼神《きじん》でもこれを避けるという。困難を困難とせず、思いを新たに、決意を固く歩めば、困難がかえって飛躍の土台石《どだいいし》となるのである。要は考え方である。決意である。困っても困らないことである。

人間の心というものは、孫悟空《そんごくう》の如意棒《にょいぼう》のように、まことに伸縮自在である。その自在な心で、困難な時にこそ、かえって自らの夢を開拓するという力強い道を歩みたい。

『道をひらく』

12月3日　自分だけの道がある

自分だけしか歩めないこの道を、心を定め、懸命に歩んでいきたい。

自分には自分に与えられた道がある。天与の尊い道がある。どんな道かは知らないが、ほかの人には歩めない。自分だけしか歩めない、二度と歩めぬかけがえのないこの道。広い時もある。狭い時もある。のぼりもあればくだりもある。坦々《たんたん》とした時もあれば、かきわけかきわけ汗する時もある。

この道がはたしてよいのか悪いのか、思案に余る時もあろう。慰《なぐさ》めを求めたくなる時もあろう。しかし、しょせんはこの道しかないのではないか。

諦《あきら》めろというのではない。いま立っているこの道、いま歩んでいるこの道、ともかくもこの道を休まず歩むことである。自分だけしか歩めない大事な道ではないか。自分だけに与えられているかけがえのないこの道ではないか。

他人の道に心を奪われ、思案にくれて立ちすくんでいても、道は少しもひらけない。道をひらくためには、まず歩まねばならぬ。心を定め、懸命に歩まねばならぬ。

それがたとえ遠い道のように思えても、休まず歩む姿からは必ず新たな道がひらけてくる。深い喜びも生まれてくる。

『道をひらく』

12月4日　人間としての成功

成功とは、自分に与えられた天分を、そのまま完全に生かし切ることではないか。

〝天は二物を与えず〟という諺《ことわざ》がありましょう。これは裏を返せば、天は必ず一物は与えてくれているということだと思うのですね。

そのように、異なった天分、特質が与えられているということは、言い換えれば万人万様、みな異なった生き方をし、みな異なった仕事をするように運命づけられているとも考えられます。ある人は政治家として最もふさわしい天分が与えられているかもしれない、またある人は、学者に、技術者に、商人にといったように、みなそれぞれに異なった使命が与えられ、異なった才能が備えられていると思うのです。

成功というのは、この自分に与えられた天分を、そのまま完全に生かし切ることではないでしょうか。それが人間として正しい生き方であり、自分も満足すると同時に働きの成果も高まって、周囲の人々を喜ばすことにもなると思います。そういう意味からすれば、これこそが〝人間としての成功〟といえるのではないでしょうか。

『人生談義』

12月5日　天分の発見

自分の天分を発見したい。まずはそう強く願うことから始めたい。

天分とか特質というものがどこにあるのかということは、これは実はそう容易にはわからないのです。つまり、そう簡単に見出《みいだ》せないようなかたちで与えられていると思うのです。そのことはちょっと不合理のように思えるかもしれませんが、ここに人生の面白味といいますか、味わいというものがあると思います。そんなに簡単にわかってしまったのでは面白味も薄いのではないでしょうか。容易《たやす》くはわからないが、それを求めて努力してゆく、そこに、いい知れぬ人生の味わいがひそんでいると思うのです。

天分の発見とはそのようなものであることをまず知っておいて、さてそれではいかなる方法で求めていけばよいかと申しますと、まず何といっても、自分の天分を見出したいという強い願いをもたなければならないと思います。成功したいが、そのためには自分の天分を発見しなければならない、どうにかしてこれを見出したいものだという強い思いを、常に心にひそめることが第一に必要でしょう。その願いが強いと、日常の生活の中から自然に、自分の天分が見出せてくると思います。

『人間としての成功』

12月6日　天命に素直に従う

人事を尽くし、静かに慌てず天命を待つ時、必ず次の新しい道が自然とひらけてくる。

あなたにはあなたに、私には私に与えられた天命がある。この天命には、素直に従うことが、私は必要だと思います。

人事は尽くしても天命を待つことを知らない。そういう傾向を、私は現代に見ます。これだけやったのだから、これだけ報《むく》われなければならない、という考え方です。それも当然のことでしょうが、しかしそこに、悩み、争いが生じる大きな原因があるのではないでしょうか。

あなたのこれからには、さまざまな困難があるに違いない。しかし、どんな時でも志を失うことなく、私心にとらわれず、あなたの可能な限りの努力をしてほしい。そして、次の事態を静かに待つ。期待通りにいくこともあり、期待にそむかれることもあるでしょう。それはあなたの力を超えたものの働きだと思います。

どのような力が働こうと慌《あわ》てることはありません。あなたはできるだけのことはした。そうして待つ時、必ず次の新しい道が、自然とひらけるのではないでしょうか。

『若さに贈る』

1月
2月
3月
4月
5月
6月
7月
8月
9月
10月
11月
12月

12月7日　すべてがわが師

人だけでなく、家、電灯、光、すべてがわが師である。

僕は謙虚にしているとか、していないとかということは意識していませんけれど、結局、何ごとによらず衆知《しゅうち》によらないといかんと思うんです。

だから、十人の人がおれば十人の人の知恵を借りる。百人の人がおれば百人の知恵を借りる。一億あれば一億の知恵を借りるという心がまえでやっているんです。

だからね、皆さんはじめ、この家屋、電灯、光、その全部がわが師である、こういう考えでやっているんです。

だから、どこにでも私より偉い人ばかりがいる。私がいちばんあかん、そういう考えでやっているんです。

『松下幸之助発言集5』

12月8日　商売は真剣勝負

熱心にやれば、必ず成功するのが事業である。成功しないのは経営が当を得ていないからだ。

私は、K氏に対する励ましの意味もこめて、少し強い口調でK氏に話をしたのである。

「あなたのような熱心な人が成功しないことのほうが不思議です。熱心にやればやるだけ成功するのが事業というものでしょう。だから、成功しないというのは、本当の熱心さがまだ足りないということではないでしょうか。本当に熱心に、真剣にやっておれば、必ず成功に結びつくものだと思います。また、それが商売というものでしょう。商売は真剣勝負と同じです。首をはねたりはねられたりするうちに勝つということはないと思います。必ず勝たねばならない。必ず成功しなければならない。つまり商売は成功するものです。成功してはじめて本当の商売をしたことになるのです。

もしもその商売が成功しないというのであれば、それはまさにその経営の進め方に当を得ないところがあるからだと考えねばなりません。時代が悪いのでもない、経済状況が悪いのでも、得意先が悪いのでもない。すべて経営が悪い、経営に当を得ていないと考えるべきです」

『人を活かす経営』

12月9日　結構な時代の商売

いつ死ぬかわからない時代の商人からすれば、我々の経営環境は結構なものである。

商人は物を供給するという使命をもっているのですから、お前は嫌いだから売らない、お前は好きだから売るといったことは、すでに商売の邪道です。いかに憎かろうと、いかに好きであろうと、商売となれば公平にやらなければいけないと思います。そういうことを私たちの先祖はやってきているわけです。それは、ある場合には、敵に味方していると誤解されて殺されるかもしれないことです。しかし、そういうことすらも恐れずして、堂々と商売に徹していたわけです。

何千年の昔から、商人というものは、洋の東西を問わず、いわゆる戦乱の巷《ちまた》で流れ弾《だま》に当たって死ぬかもわからないという中でも商売をしてきているのです。そういうことを考えてみますと、今日《こんにち》の私たちを取り巻く経営環境がいかに厳しいといっても、まだまだ楽なものだ、結構な時代であるということになるのではないでしょうか。

『経営のコツここなりと気づいた価値は百万両』

12月10日　社会を発展させる選手

自分は社会とともに発展するのだ。そう考えると、辛いことも嬉しいことになる。

単に自分の店を大きくしよう、自分だけ儲《もう》けようというような考え方、それだけでは私はどこかに弱さがあるように思う。目のつけどころは、より高いものに、社会とともに発展するのだ、あるいは世の中のためになるのだ、という考え方をもつことである。そして自分は社会を発展させる一人の選手である、というように私の事業観も人生観も変わっていったのである。

こう考えるようになってから後は、これまで苦労と思えたことも、少しも苦労でなくなってしまったわけである。かえって苦労と考えられたものが、働く喜びに変わってきた。同じ辛《つら》い仕事をしても、今まではただ辛い仕事でしかなかった。しかし商売だからしようがない、というわけである。しかし今度は商売だからしようがないというような考えはなくなってしまった。辛いことが、嬉《うれ》しい尊いことに変わってきた。したがって難しい仕事にぶつかるたびに新しい勇気が湧《わ》き出て、事業に体当たりしていったように思う。

『物の見方 考え方』

12月11日　心配があるから勉強する

日々心配や悩みがあるからこそ勉強し、新しい工夫を生み出すこともできる。

お互いの日々の仕事においては、心配も何もなくしてうまくいくということは、ないのが本来の姿で、したがって、あれこれ思い悩み、心配するということが、むしろなければならないと思うのです。

それは、辛《つら》いといえば辛いし、苦しいといえば苦しいことです。しかし、そういうものの、どんな心配、悩みの中にも、お互いの生きる境地というものはあるものだと思います。つまり、〝幹部社員には悩みや不安が多いのが当然で、それがいやなら職を辞せばいい〟といったように、まず腹をすえる。その上でそういう心配、悩みがあるからこそ、自分たちは勉強するんだ、それがお互いの刺激、薬ともなって、新しい工夫やすぐれた品物を生み出すことができるんだ、というように考え、その心配、悩みを克服していく。そういうところに幹部社員としての仕事の喜び、さらには生きがいを見出《みいだ》していくという姿勢が大切ではないかと思うのです。

『社員心得帖』

12月12日　歯車と潤滑油

機械の歯車をかみあわすには潤滑油が必要。人間同士にも礼節という潤滑油が欠かせない。

人間は、基本的な理念においては平等でいいと思うんです。しかし、それを実際の生活に表していくために、礼節は一つの潤滑油みたいなものですな。どんな立派な機械でも、潤滑油がなかったら、火花が散って、摩滅《まめつ》し、破損してしまいますよ。機械そのものがなくなってしまう。それと一緒で、礼節がなかったら人間そのものがなくなってしまうわけですな、いわば。

だから機械そのものは平等である。大きな歯車も、小さな歯車も、その尊さに変わりはない。けれどもそれをうまくかみあわすには、潤滑油である礼節とか、作法というものが必要になってくるわけですね。

ところが、それを潤滑油と考えずに、大なる歯車と小なる歯車とをかみあわせた時の差だと見る。そこに大きな間違いがあると思いますね。大小の機械は皆、同じように尊いんだ、しかしそれらがスムーズに働くには礼儀という潤滑油が必要なんだ。例えば先輩と後輩の間《あいだ》で、後輩は先輩に対してどういうような態度をとるか、先輩はまた後輩に対してどういう態度をとるか、その好もしい態度のあり方というものが、潤滑油としての礼儀である。こう考えればいいと思うんですね。

『日々を新たに』

12月13日　心と形

正確に心で考えたことならば、正確に形にあらわれてくるものである。

「松下さん、あなたは今、今期は百億円の商いをすると言われたが、百億もできるんですか。こういう景気の悪い時に少し無責任ではないでしょうか」と言われたので、私は、「決して無責任ではございません、これは正確に言っておるんです。と申しますのは、そういうように販売する固い契約ができているんです。いわゆる社会の人々あるいは代理店、小売屋さんに対して、そういう契約をもっているんです。ですから、最も正確にそれを販売しなくてはならない。また最も正確にそれだけ製造しなくてはならない義務があるのです。これは今の私の心境であります。しかしこの契約は契約書によった契約ではありません。心の契約なんです。今、目に見えないお互いが全部契約をもっているんです。社会全部の人が個々に契約をもっている。その契約が心で見える人と見えない人がある。問題はそこから起こってくるんです。私が百億円売れるというのは、その契約がよく見えるからなんです。契約があるから大丈夫、売れると思うし製造もできると思うのであります。だから間違いありません」と言うたのであります。

正確に心で考えたことは、正確に形にあらわれてくると私は思うのです。

『松下幸之助発言集31』

12月14日　順応し同化する心がまえ

自己の背後に流れる大きな力を見忘れず、その中に自分を生かすようにしていきたい。

終戦まで、私としては、常に社会の歩み、日本の方針、伝統を考え、これに順応するとともに、従業員の声に耳を貸しつつ決定して、松下電器独特の方針としたのである。したがって決定する私を見て、〝独断〟のごとく思われてきたかもしれないが、決定するまでの心組みには、常に順応の構えがあったのである。決して私個人で判断しない。一人ですることが、かえって不安をきたし動揺するのである。常に社会の趨勢《すうせい》に意をはらい、国の伝統と社会正義の通念に基づいて、そこに自己を生かそうと心がけていたのである。その心がまえがあらわれて、松下電器の遵奉《じゅんぽう》すべき七精神の一つである〝順応同化の精神〟となったのである。

皆さんも、松下電器を通じて社会に結ばれているのであるから、この気持ちをしっかともっていただきたいのである。会社経営のみに限らず、生活をしていく限り、この心がけは大切である。ものの一面にとらわれてそれを主張していると、その背後に流れる大きな力を見忘れてしまうものである。そこから〝思わぬ失敗〟となってあらわれてくる。常に自己の背後にある流れ、関係、つながりを見通す目、心を培《つちか》い、この中に自分を生かすよう訓練していかなければならない。

『松下幸之助発言集22』

12月15日　好ましい進み方

かけ足でも速足でもなく、並足で、たゆまずに進んでいこう。

日本経済が高度成長の最中《さなか》にあった今から十数年前、あるアメリカ人との対談の中で、日本の急速な成長自体を、内心大いに心配しているという意味のことを話したことがある。

当時の日本は、所得倍増計画に沿って、大変なスピードで走っていた。言ってみれば、かけ足で走っている状態であった。かけ足で走れば、確かに一時は先頭に立つ。しかし、そうした走り方ではやがて息が続かなくなり、途中で一服しなくてはならなくなる。悪くすると心臓麻痺《まひ》を起こす場合もある。このことは、個人についてもそうだし、国についても、会社についても当てはまる。だから、かけ足は決して好ましい姿ではない。そんな話をした。

では〝速足《はやあし》〟ならどうか。これならかけ足よりは長続きする。しかし長続きはしても、やはりどこかに疲れがたまってくるだろう。では、最も好ましい姿は何か。〝並足《なみあし》〟である。全く普通の歩き方で、たゆまずに進んでいく。そこに自他とものバランスを保つ余裕も考えられてくる。そうした考え方を、私はその人に述べたのである。

『松下幸之助　経営語録』

12月16日　時代に先駆ける

時代についていく。さらに進んで、時代に先駆け、時代をつくる経営をしたい。

時々刻々、非常に変化が激しい今日《こんにち》の世の中においては、何年も同じことをやっている会社は落伍《らくご》してしまいます。ですから、その刻々に変わっていく時代についていくというのが、今日における一つの経営法だと思います。

また、そこからさらに一歩進んで企業が時代に先駆けて、新しい時代をつくっていくという経営法もあると思います。そのどちらかをやらなければいけません。そうでないと、たとえ生き残ることはできても、発展は望めないのではないでしょうか。

そしてその二つのうち、今はやはり時代をつくっていくということがより大事だと思います。

『実践経営哲学』

12月17日　成功するまで続ける

途中でやめてしまえば、それで失敗である。成功するまで続けるから成功するのである。

成功するためには、成功するまで続けることである。途中で諦《あきら》めてやめてしまえば、それで失敗である。だから、いくら問題が起こってきても、次々と工夫を凝《こ》らしてそれらを解決していけばよいのである。これを、挫《くじ》けることなくくり返していく。決して諦めない。成功するまで続けていく。そうすれば、やがて必ず成功するわけである。

商売というもの、経営というものは、もともとそういうものではないだろうか。それであってこそ、本当の商売、経営といえるのではなかろうか。一度や二度うまくいかなかったからといって、諦めて、他に道を求めていたのでは、それは本当の経営にはならない。いかなる事態が起ころうと、どのような苦しい状態に陥ろうと、挫けずにそれに対処し、解決の道を見出《みいだ》していく、そういう努力を重ねて、よりよい姿を実現していくのが経営というものではないだろうか。

『人を活かす経営』

12月18日　なすべきをなす

ただひたすらに、なすべきをなす。私心をはなれ、やらねばならないことをやる。

秀吉はいちばん遠くにいて、手強《てごわ》い敵と戦争していましたが、信長が討たれたと知ると直《ただ》ちに敵と和睦《わぼく》し、そしてとるものもとりあえず引き返して、不倶戴天《ふぐたいてん》の主君の敵《かたき》を見事に討ちました。これは当時の道徳に素直に従った姿であるともいえるのではないでしょうか。この秀吉の行動については、後世において歴史家の方々などがさまざまな見方をしておられると思います。秀吉が、自分が天下をとる機会が来たというので喜んで帰ったという見方など、いろいろあるでしょう。しかし秀吉はそういう打算からではなく、これはこうしなければならない、こうするのが当り前だ、ということで急ぎとって返したのであろうと思います。それで信長の敵《かたき》をとることができ、おのずとその功績が認められるようにもなったと思うのです。

天下をとろうなどという野心が先に立ったのでは、なかなかあのようにうまくはいかなかったでしょう。自己の利害ということを超越し、ただひたすらになすべきをなした、やらねばならないことをやった、ということだと思います。そして、そういう私心をはなれた態度、行動をとるということは、やはり素直な心にならなければなかなか出てこないのではないかと思うのです。

『素直な心になるために』

12月19日　道は無限にひらかれている

自ら開拓する熱意に満ちて、心して物事を見、学び取る人に、道は無限にひらかれている。

発明王のエジソンは、小学校では先生から劣等生扱いにされ、たった三カ月で退学しています。だから、学校では勉強らしい勉強はしていなかったのですな。

ただエジソンは、子供の頃から、物事に対する研究意欲は非常に盛んだった。つまり、自然現象や世の中のことを、ただぼんやりと眺めてはいなかった。すべてに対し〝なぜ〟という疑問を発したのですね。

時には、鳥を捕まえてきて、なぜ空を飛べるのかと、羽の構造を熱心に調べた。またある時は、止まっている蒸気機関車の下にもぐりこみ、油まみれになりながら機械の仕組みを調べていて、運転士にひどく叱られたといいます。それほど熱心だったわけですな。

そこに、多くの発明を生み出す根本があったのでしょうね。いわゆる学問上の先生はいなかったけれど、自然の事物の中に、自分の先生を見つけ出した。

つまりね、自ら開拓していこうという熱意に満ちて、心して物事を見、そこから学び取ろうとするなら、道は無限にひらかれている。心がまえ次第で、立派な師は無数にあるということだと思うのです。

『人生談義』

12月20日　正しい闘争心をもつ

正しい闘争心、競争精神のないところに、事業の成功、個人の向上は絶対に望めない。

わが社の遵奉《じゅんぽう》すべき精神の中に〝力闘向上《りきとうこうじょう》〟という一項がある。会社事業の伸展も、各人個々の成功も、この精神なくしては成り立たない。事業を経営することも、商売を営むことも、そのこと自体が真剣の戦いである以上、これを戦い抜く精神が旺盛《おうせい》でなかったならば、結局敗者たらざるをえないのである。ただし、その戦いたるや正々堂々でなくてはならぬ。他を陥《おとしい》れ、傷つけて己《おのれ》一人独占せんとする精神行動はもとより排すべきであり、どこまでも正しき闘争でなければならぬことはもちろんである。

よい意味における闘争心、正しい意味における競争精神、これなきところ、事業の成功も個人の向上も絶対に望めない。この精神のない人は結局熱のない人であり、物事をして伸展せしむるに役立たない人である。

幸いに松下電器の人々には、この精神が伝統的に旺盛であったことが、今日《こんにち》をなす大きな因であったと考える。されば今後といえども、諸君にこの正しき闘争心をどこまでももち続けて、日々の業務に処していただきたいと希望する次第である。

『松下幸之助発言集29』

12月21日　実業人の使命

物資の生産につぐ生産が、社会全体の富を増大し、繁栄の原動力となる。

実業人の使命というものは貧乏の克服である。社会全体を貧より救ってこれを富ましめるにある。商売や生産は、その商店や製作所を繁栄せしめるにあらずして、その働き、活動によって社会を富ましめるところにその目的がある。社会が富み栄えていく原動力としてその商店、その製作所の働き、活動を必要とするのである。その意味においてのみ、その商店なり、その製作所が盛大となり繁栄していくことが許されるのである。商店なり製作所の繁栄ということはどこまでも第二義的である。

しからば実業人の使命たる貧乏を克服し、富を増大するということは何によってなすべきか。これはいうまでもなく物資の生産につぐ生産をもってこれをなすことができるのである。

『私の行き方　考え方』

心も豊か身も豊かという姿になってこそ、真の幸せが人間にもたらされる。

「人はパンのみによって生きるにあらず」という言葉がありますように、人間は物質だけで幸せになれるものではありません。いかに物質的に満ちたりても、心の平安というか、心の面で満たされるものがなくては決して幸せにはなれないと思います。だからこそ昔から、心の悩みを救い、心に安らぎをもたらすための宗教その他の精神的な導きというものが人間生活には不可欠なのでしょう。

けれどもまた、パンなしでは生きられない、つまり物質面での豊かさが極めて大事なのも事実です。結局、物心一如《いちにょ》の豊かさといいますか、心も豊か身も豊かという姿になって、はじめて真の幸せがもたらされるのだと思います。

ですから、精神面での豊かさを生むものが仮に宗教だとしますと、それと車の両輪をなして、物質面での豊かさを生み、この世から貧をなくしていくための活動が物資の生産だといえましょう。物資の生産というものは、それほどに価値の高いものであり、それだけにそれに携わっている企業の社会的責任は重く大きなものがあると思います。

『［復刻版］企業の社会的責任とは何か？』

12月23日　鳴かずんばそれもまたよし

何かにこだわると、うまくいかない。素直に、自然に、生きていきたい。

何ごとでも、素直ではなく、何かにこだわっていれば、うまくいかないと思うのです。

よく、信長は「鳴かずんば殺してしまえホトトギス」、秀吉は「鳴かずんば鳴かしてみせようホトトギス」、家康は「鳴かずんば鳴くまで待とうホトトギス」だといわれますね。これらは、三人が詠《よ》んだものか、あるいは後世の人が、三人の特徴を端的に表現するためにつくったものなのかは知りませんが、それぞれ、鳴くということを期待しているから出てくる言葉です。つまり、鳴くということに皆こだわっていると思うのですよ。

僕はね、何ごとでも、何かにこだわっていたら、うまくいかないと思っています。だから、僕ならこういう態度でありたいですね。「鳴かずんばそれもまたよしホトトギス」。つまり、自然の姿でいこうというわけですよ。なかなか難しいことですがね。

『人生談義』

12月24日　自然の理にかなうこと

自然の理に反することは不可能である。自然の理にかなっていれば必ず事は成る。

確かに人間には不可能なことがいろいろあります。不可能とはどういうことかというと、いわゆる自然の理《り》に反することが不可能だということです。例えば、人間は必ず年をとっていく、それは自然の理です。ですから、その理に反して年をとりたくないと願ったところで、それは絶対に不可能です。

けれどもこれは、逆にいえば、自然の理にかなったことであれば、すべて可能であるということでしょう。つまり、お互いの体のことにしても、人間関係や商売など何ごとにおいても、自然の理にかなっていれば必ず事は成るということだと思います。

『人生心得帖』

12月25日　時に従う

刻々と移り変わる時に従って考える。守ることに終始すると、時代に遅れてしまう。

これは幕末の話でありますが、維新の志士の一人である坂本龍馬《りょうま》は、よく西郷隆盛と話しあったものでした。ところがこの坂本龍馬の意見は会うたびに変わっていました。そのために、話をしていても、西郷隆盛が彼から受ける感じは毎回違うのです。そこである日、西郷さんが、「あなたはおととい会《お》うた時と、今日《きょう》の話とはまた違うではないか。そんなことではあなたの言葉は信用できない。天下の士として信じられる者には、不動の信念がなければならない」と言って非難したのであります。

その時、坂本龍馬は、「いや決してそうじゃない。孔子は『君子は時に従う』と言っている。刻々と時は移り、社会情勢は日に日に変わっている。だから昨日《きのう》の是《ぜ》が今日の非になるのは当然である。この、時に従うこと、これが君子の道なのだ」と言い、さらに語を継いで、「西郷さん、あなたは、一度こうだと考えると終始一貫、それを守り続けようとする。だがそれでは、将来必ずあなたは時代に遅れてしまいますよ」と答えたとのことであります。

『松下幸之助の哲学』

12月26日　時代に合わせて改める

立派な理念をもてば成功するわけではない。時代に合わせて改めていくことが必要である。

長い歴史と伝統をもった〝老舗《しにせ》〟といわれるところが、経営の行きづまりに陥ることがある。そういうところは、正しい経営理念をもたないかというと決してそうではない。むしろ、どこにも負けないような創業以来の立派な経営理念が明確に存在しているのである。しかし、せっかくそうしたものをもちながら、それを実際に適用していく方針なりやり方に、今日《こんにち》の時代にそぐわないものがあるわけである。かつて成功した昔ながらのやり方を、十年一日《いちじつ》のごとく守っているというような場合も少なくない。もちろん、旧来のやり方でも好ましいものはそのまま続ければいいわけだが、やはり時代とともに改めるべきは次々に改めていかなくてはならない。

例えば、宗教というものを考えてみても、そういうことがわかる。非常に偉大な宗祖とか祖師といわれる人々が説いた教えは、本質においてはいつの時代にも通用する極めて立派なものが多い。けれども、その表現については、ずっと昔に説かれたままに今日話をしても、それではなかなか多くの人に受け入れられにくいものである。だからその立派な教えを、今の時代に合わせて説くことによってはじめて人々に広く受け入れられるのである。

『実践経営哲学』

12月27日　信用は一朝にして壊れる

長年築き上げた信用も一朝にして壊れる。実力をつけよう。適切な仕事をしよう。

暖簾《のれん》だけでメシが食える時代ではなくなったと思うのです。実力を欠いたお店、適切な仕事を欠いたお店は、たとえ立派な暖簾があってもやっていけなくなってきています。それが今日《こんにち》の新しい時代の姿といえましょう。

過去の信用というものはもちろん大切です。けれども、長年にわたって営々と築き上げてきた信用も、壊れる時は一朝《いっちょう》にして壊れてしまいます。ちょうど、建築に一年を要した建物でも、壊すのは三日でできるようなものです。

ですから、過去の信用、暖簾によって商売ができると考えてはいけません。

『経営心得帖』

12月28日　悲観することはない

自分が恵まれていることを思い知り、困難にも悲観することなく、働いていきたい。

窮状《きゅうじょう》に陥っても悲観しないことです。自分は財産が一瞬にしてなくなったことがありました。※しかも莫大《ばくだい》な個人負債ができたんです。しかしこれでも死んでいる人よりましや、弾《たま》に当たって死んだ人もたくさんあることを思えば、ありがたいことや、そう思ったら悲観することはない。それで歓喜をもってこの困難に取り組んでいこうと考えてやってきたと思うんですよ。

普通は首でも吊《つ》ってしまわなければならないほどの困難な状態ですわ。けれども首も吊らなかったということは、もっと不幸な人のあることを知って、僕は恵まれている、こんなに恵まれている自分は幸せや、こういうことを考えたと思うんです。それで悲観せずに働いたことがやはり成功したんやと思いますな。

『社長になる人に知っておいてほしいこと』

※太平洋戦争終戦後のこと。

1月 2月 3月 4月 5月 6月 7月 8月 9月 10月 11月 12月

12月29日　行きづまることはない

人間社会が本質的に行きづまることなどない。そうした信念を基本にもつことが必要である。

私はこの人間社会というものは、本質的に行きづまるということはないと考えています。つまり、大昔から人類は何百万年と生き続けて、だんだん発展してきている。決して行きづまって終わったりしていません。ですから、今後もその通りで、いろいろ現実の問題として苦労があり、大変だけれども、結局は、それぞれに道を求めてやっていけると信じています。

もちろん、実際にはそれは決して容易なことではないと思いますが、少なくとも経営者として激動の時代に対処していくには、そのような信念を基本にもっていることが必要ではないかという気がするのです。

『経営のコツここなりと気づいた価値は百万両』

12月30日　信念のあるところ

確固とした信念をもち、所信を貫いて、淡々と処世の道を歩んでいきたい。

確固とした信念のあるところには、心の動揺はなくなるであろうし、自分の所信を貫いてゆくこともできると思う。非常に成功してもあまり驚かないし、非常に失敗してもまた驚かなくてもすむ。常に淡々として大道《だいどう》を行くがごとく、処世の道を歩んでゆくことができると思うのである。

これに反して、もしそのような信念がなければ、ちょっといいことがあると有頂天《ちょうてん》になって喜んだり、逆にちょっと悪いことがあると悲観落胆してしまったり、というような心の動揺が起こってくるのではないだろうか。あるいは、自分の失敗を棚に上げて、人のすることを妬《ねた》んでみたり、ということにもなると思う。そして、そこからは決して積極的な態度は生まれてこない。まことに非生産的なというか、心貧しい姿しか生まれてこないと思うのである。

『なぜ』

12月31日　天馬が空を往くように

今、自分は運がいい。これからきっとうまくいく。

〝おおみそか〟ＮＨＫの紅白歌合戦に審査員として出席しました。我々はテレビを売ってメシを食ってるんだから、頼まれりゃ断るわけにはいかんので……。ご覧になってましたか。僕は、難しい顔をしてましたやろ。スポットを当てられると、おかしな顔もできないんで、やはり意識します。疲れましたよ。終わったのが十二時十五分前、終発の飛行機まで、あと二十分しかない。間に合うかどうか難しかったのですが、ＮＨＫさんの特別のはからいで、やっと間に合いました。

飛行機が飛び立ってふっと気がつくと、昭和四十一年・午年《うま》の元旦早々、僕を乗せた飛行機が空を飛んでいるのです。〝天馬空《てんばくう》を往《ゆ》く〟といいますね。午年生まれの僕が、今、空を往《い》っているではないか。これは運がいいぞ、と気をよくしたものです。経済界がまだ不況にあえいでいる中で、僕の会社は実際、天馬空を往くようにうまくいったんです。

『道は明日に』

内容索引(目次)

◆運命を生かす

◆自分をつかむ

◆考える力を高める

◇心を磨き上げる

◇仕事に徹する

◇経営意識を高める

◇リーダーになる

◇マネジメントを知る

◇経営者になる

◇世間を信じる

◇人間を考える

◇道を切りひらく

附記・出典内容一覧

本書の編集にあたり、以下の点に留意した。

◎本文の表記は、各出典の最新発行版を重視しつつ、本書用の統一を施している。あわせて、読者の便宜等を考慮し、中略、ルビを打つ等の必要最低限の処理を行なった。

◎本文中の企業名・個人名等は出典通りとし、必要に応じて注を附した。例えば、松下幸之助が創業した「松下電器産業株式会社」およびグループ各社は、平成20年10月１日に「パナソニック株式会社」等に社名変更されているが、本書では出典のままにそれぞれ掲載した。

◎抜粋・収録した計366項の各出典の書名は本文中に明記したが、それぞれの内容については発刊年の古い順に以下に示す。あわせて、本書で掲載している月日を列記したので参照されたい。

◇書籍

『ＰＨＰのことば』［単行本・単行本改訂版（ともにＰＨＰ研究所）］

真の繁栄・平和・幸福に満ちた社会を実現する道とは——本書はその考え方についてまとめた、いわばＰＨＰ研究の原点といえる書。改訂版には「第一次研究十目標」を収録。単行本は昭和28年に甲鳥書林から同時出版。

▶11月13日

『私の行き方 考え方』［単行本（実業之日本社）・文庫（ＰＨＰ研究所）］

自らの生い立ち、丁稚奉公時代、創業期……昭和8年までのさまざまなエピソードを交え、事業成功の秘訣を語る半生の記。昭和29年甲鳥書林刊、34年衣食住出版刊を経て、37年実業之日本社刊。

▶12月21日

『仕事の夢 暮しの夢』［単行本（実業之日本社）・文庫（ＰＨＰ研究所）］

9歳で大阪へ奉公に出て以来、学び得た仕事のコツ、人使いのコツ等、エピソードを交えて語る。

▶1月1日／1月5日／2月17日／6月18日／6月20日／6月27日／7月26日／8月10日／8月12日／8月14日／9月1日／10月11日／10

月20日／11月3日

『物の見方 考え方』［単行本（実業之日本社）・文庫（ＰＨＰ研究所）・新装復刻版（実業之日本社）］

事業経営から得た自らのものの見方・考え方を紹介しつつ、経営と人生の妙味を綴る。

▶2月12日／2月25日／5月13日／7月3日／7月31日／8月26日／12月10日

『日に新た』［単行本（ＰＨＰ研究所）。なお旧書名は『月日とともに』（松下電器産業）］

毎月の給料袋に入れた社員へのリーフレットの文章をまとめ、制作されたもの。

▶3月28日／6月15日

『経営の価値 人生の妙味』［単行本〈旧書名『みんなで考えよう』〉（実業之日本社）・文庫（ＰＨＰ研究所）］

戦後約20年、転機に立つ日本。日本人本来の特質と伝統を互いに考えあい生かすことを提言した書。

▶5月31日

『繁栄のための考え方』［単行本（実業之日本社）・文庫（ＰＨＰ研究所）］

繁栄をもたらすための考え方、つまり万人の幸福をつくり出し、利益を生み出す考え方を世に問う。

▶8月23日

『なぜ』［単行本・文庫（ともに文藝春秋）］

当時（昭和40年代）の世相の問題点を取り上げ、それをいかに考え、対処すべきかを説いた書。

▶2月1日／2月6日／2月9日／3月30日／4月28日／6月24日／9月25日／10月30日／12月30日

『若さに贈る』［新書（講談社）・文庫・新書（ＰＨＰ研究所）］

自らの経験を通して、これから世の中に出ていく若者たちに、共感をこめてエールを贈る書。

▶1月2日／1月3日／2月3日／4月13日／7月17日／9月7日／11月23日／12月6日

『道をひらく』［単行本（実業之日本社）・単行本改訂版（ＰＨＰ研究所）］

人生への深い洞察をもとに綴った短編随筆集。発行部数530万部

超のロング＆ベストセラー。

▶2月18日／3月1日／3月11日／3月21日／4月9日／4月10日／5月11日／5月30日／6月26日／6月29日／11月6日／11月16日／12月1日／12月2日／12月3日

『日々を新たに』［共著、単行本（文藝春秋）］

藤島泰輔氏との対談本。仕事・人生・政治・経済等、さまざまな話題で語りあう。

▶12月12日

『思うまま』［単行本・文庫・新装版（いずれもＰＨＰ研究所）］

日常折々の感慨や人生・社会・仕事への思い240編余りを集めた随想録。

▶2月19日／3月20日／3月25日／4月23日／7月8日／9月23日／11月29日

『その心意気やよし』［単行本・文庫（ともにＰＨＰ研究所）］

人間として、また社会人としての心得・心がけを語りかける、サラリーマン必読の随想46編。

▶1月20日／1月21日／1月26日／1月28日／2月16日／4月14日／5月5日／5月8日

『人間を考える』［単行本・単行本増補改訂版・文庫・新書（いずれもＰＨＰ研究所）］

「人間とは何か、いかに生きるべきか」を問い直す、松下幸之助がたどり着いた究極の哲学書。

▶11月22日

『商売心得帖』［単行本・文庫・新書（いずれもＰＨＰ研究所、新書は『経営心得帖』との合本）］

事業一筋半世紀、豊富な体験と深い思索から、商売のコツ、仕事の基本を説いた一冊。

▶3月18日／4月27日／5月4日／5月20日／5月22日／5月23日／6月5日／6月21日／6月22日／6月25日／8月9日／8月16日／9月18日／10月8日／10月19日／10月23日／10月24日

『経営心得帖』［単行本・文庫・新書（いずれもＰＨＰ研究所、新書は『商売心得帖』との合本）］

激変する経営環境にあっても常に商売を拡大させていく経営者の使命、そして経営の真髄を説く。

▶1月15日／1月29日／4月16日／5月17日／6月4日／8月30日／

12月27日

『社員稼業』［単行本・文庫・新装版・新書（いずれもＰＨＰ研究所）］

社員一人ひとりが経営者的な立場でものを考え、仕事を進める「社員稼業」の考え方を提言した書。

▶1月17日／1月19日／2月22日／2月24日／3月5日／3月13日／4月1日／4月21日／5月10日／5月14日／6月1日／8月28日／10月2日

『道は明日に』［単行本（毎日新聞社）］

『サンデー毎日』誌に連載されたものをまとめた書。半生の思い出を語る。

▶10月26日／10月31日／11月30日／12月31日

『道は無限にある』［単行本・文庫・新装版（いずれもＰＨＰ研究所）］

常に新しいものを取り入れ、次々とよりよき知恵を生み出していくための指針の書。

▶2月26日／3月31日／4月5日／4月29日／5月27日／6月14日／7月12日

『若い君たちに伝えたい』［単行本（講談社）］

若人の不屈の精神こそ、混迷の世を切りひらく力であると説く青年向けの書。

▶4月20日／10月27日／11月20日

『危機日本への私の訴え』［単行本（ＰＨＰ研究所）］

昭和50年度に行なった講演の中から9編を抜粋してまとめたもの。

▶1月24日／2月7日／10月12日

『指導者の条件』［単行本・文庫・新装版・新書（いずれもＰＨＰ研究所）］

古今東西の政治家、武将などの例をひきながら、具体的に説き明かす指導者の心得102カ条。

▶3月22日／4月18日／4月26日／7月18日／7月20日／7月22日／7月27日／7月30日／8月4日／9月14日／9月15日／10月29日

『素直な心になるために』［単行本・文庫（ともにＰＨＰ研究所）］

松下幸之助が終生求め続けた“素直な心”。物事の実相を見極め、強く正しく聡明な人生の歩みを可能にする心をお互いに養い高め、自他ともの幸せを実現するための処方箋。

▶2月14日／2月15日／3月6日／3月7日／3月8日／3月9日／3月

10日／4月15日／11月19日／12月18日

『経済談義』［単行本（ＰＨＰ研究所）］

読売新聞に“経済談義”と題して、昭和48年6月から51年5月まで連載されたものをまとめた書。

▶2月4日／3月15日／4月6日／4月8日／5月21日／6月11日／9月4日／9月21日／10月5日／10月10日

『わが経営を語る』［単行本・文庫（ともにＰＨＰ研究所）］

戦争直後の復興期から高度成長期までの激動と波乱の時代に、松下電器社員に熱く語った信念と情熱の言葉。

▶6月12日／10月14日

『事業は人なり』［単行本・文庫・新書（いずれもＰＨＰ研究所より『人事万華鏡』として刊行。新書から改題）］

複雑かつ千変万化する人の心をとらえ、その人を育て生かしていくための考え方を綴った書。

▶6月9日／6月23日／7月1日／7月4日／7月9日／7月14日／7月15日／7月21日／7月23日／7月24日／8月7日／9月5日／9月17日／9月19日／11月9日

『人間としての成功』［通信教育用テキスト（産業能率短期大学）・単行本・文庫（ともにＰＨＰ研究所）］

「人間はいかに生きるべきか」ということについて、自らの体験や見聞によって考え感じたことをまとめた書。

▶1月18日／2月13日／4月12日／10月18日／12月5日

『続・道をひらく』［単行本（ＰＨＰ研究所）］

日本と日本人の将来に対する思いをしみじみと綴った116の短編随筆集。

▶2月8日／2月10日

『実践経営哲学』［単行本・文庫・新書（いずれもＰＨＰ研究所、新書は『経営のコツここなりと気づいた価値は百万両』との合本）］

幾多の苦境、体験の中からつかんだ独自の経営観、経営哲学。松下経営の真髄が説かれた書。

▶1月4日／7月10日／8月3日／8月13日／8月21日／9月6日／9月9日／9月10日／9月22日／9月27日／9月28日／10月16日／10月22日／10月25日／10月28日／11月24日／11月25日／11月26日／12月16日／12月26日

『決断の経営』［単行本・文庫・新装版（いずれもＰＨＰ研究所）］

独立起業、事業部制の採用、熱海会談、週休二日制の導入——。経営の要所要所で、どう悩み、決断したかを明かした書。

▶7月7日

『人を活かす経営』［単行本・文庫・新装版・新書（いずれもＰＨＰ研究所）］

「信頼」「説得」「人間」「自省」「信念」の各テーマで詳説した実践経営書。

▶2月20日／3月3日／3月4日／7月28日／8月5日／8月8日／8月22日／9月24日／11月2日／11月7日／12月8日／12月17日

『日米・経営者の発想』［共著、単行本（ＰＨＰ研究所）］

アメリカの代表的経営者であるバンク・オブ・アメリカ元会長、ルイス・ランドボルグ氏とともに、経営観・社会観・人間観についての同一の質問にそれぞれの立場で答える。

▶8月1日／8月25日／9月29日

『経営のコツここなりと気づいた価値は百万両』［単行本・文庫・新書（いずれもＰＨＰ研究所、新書は『実践経営哲学』との合本）］

何事にも“コツ”がある。コツさえつかめば物事は驚くほど順調に進むが、それは学べるものでなく“悟る”もの——自らの経験を通して語った経営者へのメッセージ。

▶1月22日／6月3日／6月19日／6月28日／7月11日／7月19日／8月31日／9月2日／9月3日／9月11日／9月16日／9月26日／10月13日／12月9日／12月29日

『リーダーを志す君へ——松下政経塾 塾長講話録』［単行本〈旧書名『松下政経塾 塾長講話録』〉・文庫（ともにＰＨＰ研究所）］

10年間の熟考の末に創設した私塾において、自らが講師となり、塾生たちへ贈った熱き言葉。

▶1月9日

『社員心得帖』［単行本・文庫・新書（いずれもＰＨＰ研究所、新書は『人生心得帖』との合本）］

企業組織に生きる者には、いかなる心構えが必要か。新入社員から中堅、幹部まで、社員として働く喜びや生きがいを味わい、自らの能力を高めるためになすべきことを説いた自己啓発書。

▶1月11日／1月16日／2月2日／3月17日／4月25日／5月1日／5月3日／5月6日／6月13日／7月2日／7月25日／7月29日／8月6日／11月8日／11月11日／11月17日／12月11日

『松下幸之助 経営語録』［単行本・文庫（ともにＰＨＰ研究所）］
リーダーたるもの、経営者たるものが、必ず心しておくべき経営の要諦をコンパクトに要約。
▶1月14日／5月18日／6月16日／8月20日／8月24日／8月29日／9月13日／9月30日／10月7日／10月9日／11月15日／12月15日

『縁、この不思議なるもの』［単行本〈旧書名『折々の記』〉・文庫（ともにＰＨＰ研究所）］
すべての人をわが師として、その教えに学び実践してきた松下幸之助が語る思い出の人たち。
▶5月12日／5月15日／5月16日／9月12日／10月6日

『君に志はあるか――松下政経塾 塾長問答集』［単行本〈旧書名『松下政経塾 塾長問答集』〉・文庫（ともにＰＨＰ研究所）］
21世紀に対する熱い思いが、師・松下幸之助と若き塾生たちとの一問一答にほとばしる。
▶1月6日／1月23日

『人生心得帖』［単行本・文庫・新書（いずれもＰＨＰ研究所、新書は『社員心得帖』との合本）］
自らに与えられた天分を生かし切る。その天分を見出し、発揮させるにはどうしたらいいのか。松下幸之助が、自らの体験を通じて語る人生哲学。
▶1月7日／2月28日／3月16日／4月7日／5月2日／8月17日／11月10日／11月14日／12月24日

『人生談義』［単行本・文庫（ともにＰＨＰ研究所）］
92歳から亡くなる直前まで『ＰＨＰ』誌に綴り続けたエッセイ。最晩年の感慨がここにある。
▶1月13日／2月21日／3月14日／4月3日／4月30日／5月9日／9月8日／10月21日／11月12日／11月21日／12月4日／12月19日／12月23日

『松下幸之助の哲学』［単行本・文庫（ともにＰＨＰ研究所）］
混迷する人心、社会を深くみつめたすえにたどり着いた、繁栄への道筋を説き示す書。
▶11月27日／11月28日／12月25日

『［復刻版］企業の社会的責任とは何か？』［単行本（ＰＨＰ研究所）］

昭和49年刊『企業の社会的責任とは何か？』（非売品）を復刻。ただし本文は、同書を『明日の企業に何があるか』（共著、昭和50年刊）に収録するにあたって加筆・修正したものから採っている。

▶6月10日／12月22日

『新版 松下幸之助経営回想録』［共著、単行本（プレジデント社）］

『プレジデント』誌での連載（昭和48年2月～49年1月）を単行本化した『《求》松下幸之助経営回想録』（ダイヤモンド-タイム社・昭和49年刊）に加筆・修正をして刊行された書。

▶7月16日

『リーダーになる人に知っておいてほしいこと』［単行本（ＰＨＰ研究所）］

松下政経塾所蔵の未公開テープ約100時間から厳選し、編集した口述書。

▶4月4日

『社長になる人に知っておいてほしいこと』［単行本（ＰＨＰ研究所）］

これから“社長になる”人が心得ておくべきことを松下幸之助の発言から厳選し、まとめた口述書。

▶1月27日／12月28日

◆発言集・ＤＶＤ集・月刊誌ほか

『松下幸之助発言集』全45巻（ＰＨＰ研究所）

松下幸之助の講演、講話、対談、インタビューなどの一部を文字に再現し、編集したもの。

▶1月8日（門真市成人式 昭和42年1月15日）／1月10日（松下電器社員への話 昭和33年2月11日）／1月12日（ホテルプラザ社員研修会 昭和44年10月1日）／2月11日（松下電器社員への話 昭和33年6月18日）／2月23日（松下電器社員への話 昭和48年1月6日）／3月2日（大阪証券研修所第一期研修 昭和37年4月9日）／3月12日（全国電気通信労働組合近畿地方本部幹部講座 昭和42年3月4日）／3月23日（松下電器社員への話 昭和48年1月6日）／3月27日（松本清張氏との対談『文藝春秋』昭和43年12月号）／3月29日（松下電器社員への話 昭和36年8月7日）／4月2日（ＹＰＯ〈青年社長会〉国際社長大学 昭和58年4月12日）／4月19日（松下電器社員へ

の話 昭和34年5月28日）／4月22日（松下電器社員への話 昭和8年12月12日）／4月24日（松下電器社員への話 昭和21年10月2～4日）／5月7日（大阪証券研修所第一期研修 昭和37年4月9日）／5月19日（松下電器社員への話 昭和40年1月30日）／5月24日（松下電器社員への話 昭和47年1月10日）／5月25日（松下電器社員への話 昭和33年9月1日）／5月28日（松下電器社員への話 昭和33年12月6日）／5月29日（松下電器社員への話 昭和48年1月6日）／6月2日（松下電器社員への話 昭和34年9月28日）／6月7日（松下電器社員への話 昭和24年1月8日）／6月8日（松下電器社員への話 昭和12年5月24日）／6月17日（松下電器社員への話 昭和21年1月15～18日）／6月30日（松下電器社員への話 昭和9年1月1日）／7月6日（松下電器社員への話 昭和53年10月19日）／8月2日（松下電器社員への話 昭和34年10月1日）／8月11日（松下電器社員への話 昭和33年2月11日）／8月19日（松下電器社員への話 昭和21年1月15～18日）／8月27日（松下電器社員への話 昭和21年1月15～18日）／9月20日（松下電器社員への話 昭和49年1月10日）／10月1日（松下電器社員への話 昭和33年6月18日）／10月4日（松下電器社員への話 昭和36年8月7日）／10月15日（大阪証券研修所第一期研修 昭和37年4月9日）／11月1日（『マネジメント』昭和54年8月号）／11月4日（松下電器社員への話 昭和34年9月28日）／11月5日（『中日新聞』昭和48年11月2日付）／11月18日（松下電器社員への話 昭和35年1月10日）／12月7日（早稲田大学特別講演会 昭和36年6月7日）／12月13日（松下電器社員への話 昭和30年5月3日）／12月14日（松下電器社員への話 昭和25年7月17日）／12月20日（松下電器社員への話 昭和16年3月31日）

『松下幸之助 経営百話』 全10巻［カセットテープ・ＣＤ・ＤＶＤ（いずれもＰＨＰ研究所）］

松下幸之助の講話、講演を収録したテープの中から経営に関する100話を抜粋、編集したもの。

▶7月5日（松下電器社員への話 昭和51年1月15日）

月刊誌『ＰＨＰ』（ＰＨＰ研究所）

昭和22年に創刊した活動機関誌。毎月10日発行。

▶3月19日（昭和59年10月号）／3月24日（昭和59年4月号）／4月17日（昭和59年3月号）／5月26日（昭和59年4月号）／6月6日（昭和41年12月号）／7月13日（昭和53年5月号）／8月15日（昭和42年

11月号）

『松風』（松下電器産業）

松下電器社内誌として昭和29年に創刊されたもの。

▶1月25日（昭和39年1月号）／1月30日（昭和35年6月号）／1月31日（昭和53年10月号）／2月5日（昭和42年11月号）／2月27日（昭和39年2月号）／2月29日（昭和52年5月号）／3月26日（昭和39年2月号）／8月18日（昭和51年5月号）／10月17日（昭和41年8月号）

『松下電器 店会タイムス』（松下電器産業）

松下電器の、主に専門電器店向けの情報誌として発行されていたもの。

▶10月3日

『販売のこころ』（松下電器産業）

松下電器創業50周年記念として発刊。編集は、当時（昭和43年）の電池事業本部による。

▶4月11日

人生を創るための「金言」ノート(3年分)

12月の全日分を読了後、「①どの言葉・文章が心に強く響いたか」
「②それはなぜか」「③今後の行動にどう生かすか」を自問自答して、
毎年、簡潔にまとめてみましょう(書き込んだ日付も忘れずに)。
その記録を時折読み直し、自らの成長の糧にしましょう。

年　月　日

年　月　日

年　月　日

〈著者紹介〉

松下幸之助（まつした・こうのすけ）

1894（明治27）年、和歌山県に生まれる。9歳で単身大阪に出、火鉢店、自転車店で働いたのち、大阪電灯に勤務する。22歳で独立し、1918（大正7）年に松下電気器具製作所（現パナソニック）を創業、「改良アタッチメントプラグ」「二灯用差込みプラグ」「砲弾型電池式自転車ランプ」といった実用的で創意工夫を凝らした商品を次々に開発、ヒットさせる。また独自の販売網をつくりあげ、ナショナルランプのほかアイロンやラジオセットなど商品開発・販路開拓に注力。同時に人材育成にも熱心で、「物をつくる前に人をつくる」の言葉を発したのは1920年代後半のことだった。

その後、事業の伸展に伴い、「企業は社会の公器」という事業観を涵養、確立するようになる。1932（昭和7）年に第一回創業記念式典を挙行、「産業人の真の使命」を闡明し、この年を「命知元年」と定めた。翌1933年には他社に先駆けて事業部制を敷き、さらに分社制に発展させ、力強く事業を推進した。しかし、次第に戦時色が強まる時勢の中、軍需の生産を強いられて、思うように事業展開をはかることが困難になった。終戦後、ＧＨＱが課した財閥家族の指定など7つの制限に縛られ、物心両面で追い詰められるが、1946年、“繁栄によって平和と幸福を”との思いからＰＨＰ研究所を創設、ＰＨＰ活動にとり組み始める。手かせ足かせの苦しい時期を余儀なくされたものの、1949年の後半には7つの各種制限はほぼ解かれ、自由な経済活動が許されるようになった。

復興に際して「再び開業」の決意を従業員に示した幸之助は、1951年、初の欧米視察に出る。アメリカ社会の豊かな様相を目の当たりにし、あわせて技術革新の必要性を痛感、翌1952年にオランダのフィリップス社との技術提携を実現させ、合弁会社（松下電子工業）を設立する。フィリップス社との提携は、技術の飛躍的向上をもたらし、その後の発展の原動力となった。1961年に社長を退任、会長就任。1964年開催の東京オリンピック後、日本経済が不況に陥る中、営業本部長代行として現場復帰、販売制度の改革などを行い、経営危機を乗り越えた。1979年、次代のリーダーを養成する松下政経塾を設立。ＰＨＰ研究所での出版・提言活動をはじめ、日本の繁栄に貢献すべく全精力を傾注し続けた。1989（平成元）年、94歳で生涯の幕を閉じた。

［改訂新版］松下幸之助　成功の金言365
運命を生かす
2018年 9 月25日　第 1 版第 1 刷発行

著　　者　松下幸之助
編　　者　ＰＨＰ研究所
発 行 者　後藤淳一
発 行 所　株式会社ＰＨＰ研究所
東京本部　〒135-8137　江東区豊洲5-6-52
出版開発部　☎03-3520-9618（編集）
普及部　☎03-3520-9630（販売）
京都本部　〒601-8411　京都市南区西九条北ノ内町11
PHP INTERFACE　https://www.php.co.jp/
組　　版　朝日メディアインターナショナル株式会社
印 刷 所
製 本 所　図書印刷株式会社

ISBN978-4-569-84146-5